SÉRIE *O QUE FAZER?*
VIOLÊNCIA FAMILIAR

Blucher

SÉRIE *O QUE FAZER?*
VIOLÊNCIA FAMILIAR

Malvina Muszkat
Susana Muszkat

Coordenadoras da série
Luciana Saddi
Sonia Soicher Terepins
Susana Muszkat
Thais Blucher

Série *O que fazer? Violência familiar*
© 2016 Malvina Muszkat, Susana Muszkat
Luciana Saddi, Sonia Soicher Terepins, Susana Muszkat, Thais Blucher (coordenadoras)

Editora Edgard Blücher Ltda.

Blucher

Rua Pedroso Alvarenga, 1245, 4º andar
04531-934 – São Paulo – SP – Brasil
Tel.: 55 11 3078-5366
contato@blucher.com.br
www.blucher.com.br

Segundo o Novo Acordo Ortográfico,
conforme 5. ed. do *Vocabulário
Ortográfico da Língua Portuguesa*,
Academia Brasileira de Letras,
março de 2009.

É proibida a reprodução total ou parcial
por quaisquer meios sem autorização
escrita da editora.

Todos os direitos reservados pela Editora
Edgard Blücher Ltda.

Dados Internacionais de Catalogação
na Publicação (CIP)
Angélica Ilacqua CRB-8/7057

Muszkat, Malvina
   Violência familiar / Malvina Muszkat,
Susana Muszkat. – São Paulo: Blucher, 2016.
   134 p. – (O que fazer? / Luciana Saddi ...
[et al.])

Bibliografia
ISBN 978-85-212-1080-1

1. Violência familiar 2. Família – Aspectos
sociais 3. Violência – Aspectos psicológicos
I. Título II. Muszkat, Susana III. Saddi, Luciana

16-0568   CDD 362.8292

Índices para catálogo sistemático:
1. Violência familiar

Conteúdo

A série *O que fazer?* Luciana Saddi — 7

Apresentação Sandra Unbehaum — 9

Prefácio Malvina Muszkat e Susana Muszkat — 15

Introdução — 19

1. O que é conflito? — 29
2. O que é violência? — 35
3. Quando o príncipe vira sapo, e a princesa, uma bruxa — 41
4. Idealização e violência ou quando o sonho vira pesadelo — 51
5. Projeção ou "Como me livro desse mal-estar?" — 55
6. E as famílias... sempre foram assim? — 57
7. Detectando sinais de violência na família — 63
8. O preconceito como disparador da violência — 69
9. Preconceito e gênero — 71

10. Violência gera violência — 79

11. A violência que gera prazer — 87

12. A violência é somente dos homens? E as mulheres? — 93

13. Por que somos habitados pela violência? — 95

14. Leis de proteção 9.099 e Maria da Penha — 101

15. Novas abordagens para a violência de gênero: o que fazer para mudar o cenário — 107

16. Uma experiência bem-sucedida — 111

Referências bibliográficas — 125

Filmes recomendados — 129

Livros recomendados — 133

A série O que fazer?

A série *O que fazer?* nasceu de uma dupla necessidade: divulgar de forma coloquial e simples o conhecimento psicanalítico e científico, normalmente restrito à clínica particular, e auxiliar o público leigo a entender determinadas situações e buscar soluções para seus dramas cotidianos.

A psicanálise tem mais de 100 anos de experiência em diferentes formas de atendimento. Ela é amplamente conhecida pelo sucesso dos resultados e por um conjunto sólido de reflexão a respeito das questões humanas. Acreditamos que temos muito a contribuir com a sociedade de modo geral. Esta série de livros é a prova do desenvolvimento e crescimento de nosso ofício.

Compartilhar dados confiáveis, fornecidos por um profissional capacitado sobre problemas atuais nas áreas de saúde, educação e família é o nosso objetivo.

Afinal, quem não se sente perdido, sem saber o que fazer, em meio a tanta informação dispersa e disparatada nos meios de comunicação e nas redes sociais? A série *O que fazer?* procura criar um guia, uma espécie de orientador científico – que ultrapasse a mera lista de informações –, possibilitando a compreensão ampla e profunda de uma determinada situação ou questão, pois acreditamos que compreender está a meio caminho de solucionar. Porém, não se engane: estes não são livros de autoajuda, pois solucionar nem de longe é sinônimo de resolver e, muitas vezes, significa apenas aprender a conviver com o que pouco podemos modificar. Mesmo assim, é melhor percorrer um trajeto difícil se este estiver devidamente iluminado.

Luciana Saddi

Apresentação

Mãe e filha, Malvina e Susana são duas psicanalistas dedicadas a tratar de temas complexos e polêmicos, como a violência intrafamiliar. Eu as conheço há mais de dez anos.

Em 1995, Malvina e eu integramos um dos primeiros grupos de estudos sobre masculinidades, o Grupo de Estudos sobre Masculinidades e Paternidade (Gesmap), coordenado por Margareth Arilha, na ONG ECOS – Comunicação em Sexualidade. Esse grupo reuniu profissionais e jovens pesquisadores de várias áreas. À época, eu iniciava meu mestrado na Universidade de São Paulo (USP) sobre o tema *paternidade*.

Em 1998, o Gesmap organizou e produziu o livro *Homens e masculinidades: outras palavras*, reeditado em 2001 e atualmente esgotado. Apresento aqui o contexto no qual conheci Malvina, para dar ao leitor a dimensão dos interesses comuns que têm contribuído para enriquecer o vínculo de amizade e de compartilhamento de ideias, dúvidas e sonhos.

Conheci Susana mais tarde, quando ela, que também estava envolvida com as questões da masculinidade, passou a contribuir com as ações do movimento Laço Branco – um grupo de homens do Canadá que, em 1991, assumiu o compromisso de fazer com que atos como o massacre de 1989, em Montreal, no qual catorze mulheres foram assassinadas, nunca mais voltassem a acontecer, dando início à primeira Campanha do Laço Branco (*White Ribbon Campaign*), cujo objetivo era jamais cometer um ato violento contra as mulheres e não fechar os olhos frente a essa violência. O final dos anos 1990 e a primeira década dos anos 2000 registrou um período de importantes discussões e reflexões sobre gênero, em um momento em que falar de masculinidades, em uma perspectiva que não fosse essencialista, não era comum. Havia pouca bibliografia disponível e as pesquisas nacionais eram raras. A década de 1990 foi marcada por uma preocupação legítima em refletir sobre a presença do tema gênero nos debates nas diversas áreas disciplinares, mas também em examinar criticamente o aparato conceitual adotado até então, além de discutir sobre a metodologia de pesquisa e de ação envolvendo as mulheres. Gênero, naquele momento, referia-se às mulheres principalmente. O uso essencialista da expressão *a mulher* vinha sendo criticado por algumas pesquisadoras feministas, por pressupor uma identidade feminina universal, não contemplando as diferentes demandas de diversos grupos de mulheres, como as negras, as indígenas, as mulheres com deficiências, as lésbicas que não se sentiam contempladas na agenda do movimento de mulheres nem nas políticas públicas. Joan Scott, referência primordial dos estudos de gênero no Brasil, tem um trecho em seu texto que diz o seguinte:

> *penso que deveríamos nos interessar pela história tanto dos homens como das mulheres, e que não deveríamos*

tratar somente do sexo rejeitado, assim como um historiador de classe não pode fixar seu olhar apenas sobre os camponeses.[1]

A perspectiva teórica de gênero que passava a ser adotada destacava o aspecto relacional das relações sociais e, nesse sentido, as ações e as pesquisas desenvolvidas não podiam mais considerar apenas a construção cultural do feminino/feminilidade, mas também a do masculino/masculinidade e seu impacto para as relações entre homens e mulheres e entre as pessoas de mesmo sexo/gênero.

Até então, os estudos de gênero, influenciados pelas demandas do feminismo, privilegiavam as mulheres como objeto de suas ações e de pesquisa, criando uma lacuna quanto à compreensão e ao entendimento do masculino nas relações de gênero. Com exceção, obviamente, do exercício de poder e da desigualdade de gênero desencadeada por certo modelo de *dominação masculina* em nossa sociedade, sabia-se pouco sobre a vida privada dos homens e o impacto de certos temas na vida deles, a partir da própria perspectiva. Vários pesquisadores começaram a apontar a necessidade de se obter informações e dados sobre os homens, em particular, naquele momento histórico, sobre sua vida reprodutiva e sexual e sobre sua participação na esfera privada. Não se tratava apenas de uma agenda acadêmica, mas também de uma agenda política. O discurso político de certos segmentos afirmava a necessidade de investir em estratégias que pudessem garantir mais responsabilidade dos homens na reprodução e no cuidado

---

[1] SCOTT, J. Gênero: uma categoria útil de análise histórica. **Educação & Realidade**, Porto Alegre, v. 20, n. 2, p. 71-99, jul./dez. 1995. p. 72.

com os filhos. Mesmo com ênfase na importância deles como chefes-provedores da família, eram poucas as informações sobre suas atividades no espaço doméstico e sobre os efeitos da masculinidade, socialmente definida, na vida das mulheres, das crianças e dos próprios homens.

Em geral, as pesquisas sobre família direcionavam seu foco para a relação mãe-criança. As próprias análises do Fundo das Nações Unidas para a Infância (Unicef) não incluíam informações sobre o papel dos homens, seus conhecimentos e suas práticas. A evidência das diferenças de sexo e de como essa diferença constrói as desigualdades de gênero e as relações de subordinação constituiu a base para o surgimento de pesquisas e de projetos de intervenção focalizando os homens. Como se vê, um momento histórico rico, mas marcado por concordâncias e dissensos! Naquela época, Malvina liderava a ONG Pró-Mulher, uma organização do Terceiro Setor que, de 1977 até o final da década de 1990, dedicou-se à prevenção e à redução da violência no âmbito familiar por meio do acolhimento das mulheres. A partir de 2000, junto com uma equipe de psicólogos, advogados e assistentes sociais, a instituição desenvolvia e aprimorava uma nova metodologia que incluía a participação dos homens. Nessa ocasião, surgiram grupos reflexivos que incluíam os dois sexos e introduzia-se o modelo inovador da *Mediação Familiar Transdisciplinar*, que passou a ser aplicado em dois contextos institucionais distintos: na sede da organização não governamental Pró-Mulher, Família e Cidadania (PMFC) e no serviço gratuito de assistência judiciária oferecido pela então Procuradoria de Assistência Judiciária (PAJ), estrutura estadual de São Paulo que antecedeu a criação da Defensoria Pública. O objetivo era o de preparar os envolvidos para lidar com situações diversas de conflito familiar e conjugal.

Entre 2004 e 2008, tive a oportunidade de integrar uma equipe de pesquisa, coordenada por Maria Coleta de Oliveira, do Núcleo de Estudos de População Elza Berquó, da Universidade Estadual de Campinas (NEPO/Unicamp), da qual tanto Malvina como Susana participaram, que realizou uma cuidadosa avaliação da metodologia empregada pela PMFC. Dessa atividade profissional surgiram a amizade, o reconhecimento e o respeito por Malvina e Susana. Reconheço a coragem e a propriedade com que ambas abordam a questão da violência de gênero, considerando os diferentes aspectos que social e culturalmente reforçam e alimentam as relações conflituosas que antecedem o ato violento. Do mesmo modo que "não nascemos mulher, tornamo-nos mulher", afirmação eternizada por Simone de Beauvoir, também "não nascemos violentos" ou, mais especificamente, "o homem não é violento por natureza". Ainda que o ato violento – em diferentes formas de expressão – seja um ato de uma pessoa, todo o contexto e processo que culmina nele é resultado de uma série de condicionantes sociais, culturais e psicológicos.

O livro que você tem em mãos quer justamente apresentar argumentos baseados em uma longa experiência em atendimento público e clínico para auxiliar na compreensão desses processos. Em uma linguagem acessível, mas não simplista, explica detalhadamente, a partir de exemplos da *vida como ela é*, conceitos e práticas relacionadas à violência intrafamiliar. O tratamento dado ao tema não é definitivo nem exaustivo, dado o limite que o livro impõe, mas permite conhecer minimamente e, a partir desse saber, contribuir para informar outros, para buscar ajuda se for o caso e, até mesmo, para colocar em debate situações de grupos de estudos e de atendimento.

Posso afirmar que ambas querem provocar o público leitor a dar continuidade e ampliar o debate, a partir de uma experiência profissional constituída em mais de 20 anos na mediação de conflitos.

Sandra Unbehaum
Março de 2016
Socióloga, mestre em Sociologia e doutora em Educação.
Pesquisadora da Fundação Carlos Chagas, desde 1995.
Integra o grupo de pesquisa EdGES e co-lidera o grupo de pesquisa Gênero, Raça/Etnia e Direitos Humanos.

Prefácio

Se você se interessou por este livro, talvez esteja vivendo, já viveu ou conhece pessoas envolvidas em situações de violência familiar e/ou contra a mulher. Tema muito discutido atualmente em função de sua relevância na questão de direitos humanos, igualdade de gênero e saúde do indivíduo e da família, a violência é pauta da Organização Mundial de Saúde (OMS) desde 1996, quando se adotou uma resolução que declarou a violência como um problema de saúde pública mundial. De lá para cá, apesar dos esforços contínuos, ainda assistimos à expressiva manifestação de violência na família e de violência de gênero praticada contra mulheres, principalmente no âmbito familiar. Ficamos muito felizes por você ter adquirido este livro, porque esperamos que depois de conhecer seu conteúdo você possa vir a tornar-se – se já não é – mais um importante colaborador empenhado no projeto de erradicar um problema que as políticas públicas, até hoje, não conseguiram controlar.

Dada a complexidade do fenômeno, consideramos que ele não se restringe a uma vítima e um agressor, mas atinge a todos os membros da família em que se manifesta. Procuramos mostrar de que maneira as dinâmicas dos relacionamentos podem alimentar, favorecer ou interromper determinadas práticas.

Ao longo do livro, trabalhamos com uma série de exemplos, com os quais viemos nos deparando durante esses anos de trabalho na área. É importante ressaltar que este não é um livro sobre teoria. No entanto, ele pretende transmitir ao leitor uma compreensão sobre os disparadores da violência, instrumentalizando-os quanto aos seus meios de enfrentamento, fazendo jus ao nome desta coleção: *O que fazer?*

Nós, que temos trabalhado diretamente com a questão da violência desde os anos 1990, sabemos que o que conta nesse trabalho é muito mais a participação pessoal, de esclarecimento junto aos seus atores, do que a promulgação de novas leis. A punição é um instrumento pouco eficiente quando se trata de mudar a mentalidade de pessoas. A violência se expressa de inúmeras maneiras, mas, infelizmente, só costuma atrair o foco da população e das políticas públicas quando seu desfecho é a morte, sua expressão mais ruidosa. Em outras circunstâncias, a violência intrafamiliar tem a característica de ser silenciosa, mas isso não quer dizer que não deixe marcas e sequelas em todas as vítimas ou mesmo nos que a testemunham.

A violência é intrínseca ao ser humano e se expressa de variadas formas. A civilização, como já dizia Freud, depende da contenção da violência para sua sobrevivência e desenvolvimento. Assim, a questão da violência no âmbito da família não se limita aos espaços familiares, com prejuízo apenas aos membros daquela família, mas, sim, estende-se a toda sociedade.

Transformações nas práticas sociais dependem de ações voltadas para o esclarecimento educativo a respeito de seu significado.

A partir dessas ações será possível mudarmos mentalidades e também a cultura que autoriza subliminarmente as violências de gênero.

A visão dualista de vítimas e agressores, que predomina e vem definindo as pautas das políticas públicas no combate à violência, tende a perpetuar aquilo que se pretende combater.

Neste livro, discutiremos essas questões com muitos exemplos, em uma linguagem accessível e com conhecimento construído a partir de muita experiência prática e com suporte teórico bem fundamentado.

Convidamos você, nosso leitor, a partir de seu papel de multiplicador do conhecimento, a ajudar-nos a transformar a sociedade, pois a transmissão de conhecimento há muito deixou de ser exclusividade das escolas.

Malvina Muszkat e Susana Muszkat
São Paulo, 2016

Introdução

O conflito e a disputa estão sempre presentes nas famílias.

Essa é uma frase chocante? Até pode ser, mas é no âmbito das famílias em que são vividas as primeiras experiências de conflito e de disputa. Estas podem ser consideradas experiências de transformação; no entanto, quando mal encaminhadas, podem redundar em atos de violência. Quem nunca vivenciou esta situação?

É fato que todas as famílias são todas diferentes. Constituem-se dos mais diversos modos, mas em todas elas, em maior ou menor grau, os conflitos e as disputas estão presentes. Há várias formas de tentar solucioná-los e cada família tem um jeito de fazê-lo. A violência pode ser um meio – talvez o mais inapropriado – de tentar resolver conflitos; inapropriado não só por questões morais, mas porque violência não resolve conflitos, apenas os acirra.

Como veremos, a violência se expressa de várias maneiras. Mas cuidado! Não se engane! A violência pode, muitas vezes, estar presente em situações aparentemente banais para a maioria das pessoas. Como? O insulto, as injustiças, as traições, os castigos, a desqualificação do outro, as humilhações, as ofensas, as agressões físicas mais ou menos intensas – beliscões, arranhões, puxões de orelha, empurrões, chacoalhadas e tantos outros exemplos. Tudo isso pode acontecer em uma família.

Mas a família não se constitui sobre uma base de amor?

A violência no espaço doméstico é aquilo que vemos ou vivemos com nossos cônjuges, filhos, pais, irmãos, primos, tios..., aquelas pessoas que nos são mais próximas e íntimas, por mais que isso soe contraditório.

Quando as pessoas decidem formar uma família, isso não é feito porque elas se amam? Pais não deveriam ser amorosos entre si e com seus filhos? Filhos não deveriam amar seus pais? Em teoria sim, mas não é sempre assim – ou, pelo menos, não é *só assim*.

Há pais que batem ou castigam com severidade seus filhos achando que os estão disciplinando. Vejamos um exemplo: Maria costumava trancar a filha de 4 anos, sozinha, em um quarto, quando esta tinha acessos de birra, até que a menina, exausta, parasse de gritar e chorar. Esses episódios, repetidos, deixavam a criança em um estado de desamparo e isolamento que em nada contribuía para a sua educação ou para discipliná-la. Ao contrário, eram vivências traumáticas e violentas. Conversando com Maria, em sessões de terapia, ela foi esclarecendo o quanto se sentia perdida diante do comportamento da filha, e o ato de trancá-la sozinha no quarto, justificado como ato disciplinador, era, na verdade, um ato desesperado, fruto do seu próprio desamparo por não saber como lidar com a filha nessas ocasiões. Assim, livrava-se da birra tirando a filha de suas vistas e trancando-a no quarto até que dormisse, cansada de se debater.

A inveja, o ciúme, as disputas, as rivalidades, a insegurança e o medo são sentimentos presentes em todos nós, porém, dependendo das circunstâncias, eles podem manifestar-se em forma de violência.

É sempre perturbador assistir a cenas de violência entre pessoas muito próximas, pessoas que até mesmo justificam seus atos violentos como sendo motivados por amor.

Quem não se lembra do caso Eloá, ocorrido em 2008, no qual a menina foi sequestrada pelo namorado e ele, encurralado pela polícia, matou-a dizendo que a amava? Ou dos terríveis casos em que pais literalmente matam ou abandonam filhos pequenos e indefesos, ou em que filhos matam os pais enquanto estes dormem?

E há ainda a violência cometida por aqueles que sentem prazer em maltratar outros.

É evidente que alguns atos são crimes e devem ser punidos como tais. Por outro lado, nem todos os atos de violência têm o mesmo grau de intensidade ou são criminosos. No entanto, todos eles, criminosos ou não, têm efeito danoso do ponto de vista psicológico.[2]

Neste livro, trataremos das diversas formas de *violência intrafamiliar*. Em uma família em que um dos membros pratique violência contra outro – quaisquer que sejam os protagonistas –, todos sofrerão os efeitos dessas ações. A prática da violência contamina

---

[2] Atualmente, o Estatuto da Criança e do Adolescente (ECA) atribui a muitas práticas cotidianas e aparentemente banais um caráter criminoso com previsão de penalidades. Para ver a versão atualizada do ECA (Lei n. 8.069, de 13 de julho de 1990, alterada por leis posteriores), acesse: <http://www.planalto.gov.br/ccivil_03/leis/L8069Compilado.htm>.

o ambiente e prejudica os membros que fazem parte dele. Também vale destacar que o prejuízo não é somente imediato. Não é incomum que a violência se torne uma forma de comunicação permanente na família, em diferentes níveis: pode ser uma maneira que tenham de falar uns com os outros, ou algum tipo de brincadeira que façam, tanto verbal quanto física, ou ainda um número enorme de manifestações que ficarão mais claras ao longo deste livro. Desse modo, a violência engloba a todos, sendo transmitida para as futuras gerações: se os filhos crescem em um ambiente no qual predomina a violência, eles podem acabar estabelecendo esse padrão nas famílias que venham a constituir.

Também devemos enfatizar que cada cultura tem suas próprias regras e definições sobre o que é violência. Aqui, no caso, abordaremos estritamente a violência do ponto de vista da nossa cultura: cultura patriarcal do Ocidente.

A violência é uma expressão destrutiva da agressividade. A agressividade está em todos nós, faz parte da condição humana e é extremamente necessária para nossa sobrevivência no mundo. Ela pode se desdobrar em assertividade ou firmeza, em positividade, em segurança, em coragem ou em defesa. Sem a agressividade nós morreríamos, porque até mesmo para comer é preciso mastigar, usar a força para triturar os alimentos.

A violência deriva do desejo de poder, do desejo de dominar o outro causando-lhe algum tipo de constrangimento, a fim de sentir-se superior e poderoso, nem que seja por um momento. Ao contrário do que se pensa, *é muito mais uma manifestação de fraqueza do que de força* diante de alguém.

O que queremos dizer com isso? Que o ato violento é, por um lado, um descontrole do sujeito que o pratica. Não encontrando uma maneira mais madura ou efetiva de se expressar, ele usa a violência. Como exemplo disso, podemos citar as crianças pequenas, que, quando ainda não sabem falar direito ou não sabem identificar o que as incomoda, batem no amiguinho ou nos irmãos, ou gritam, ou jogam coisas como manifestação de seu desgosto ou incômodo. Por outro lado, o ato violento pode ser motivado pelo desejo de fazer com que "aquela pessoa que me irritou ou me deixou com raiva sinta-se pequena e impotente diante da minha força e violência". Na verdade, se o sujeito usa da violência contra alguém em desvantagem ou desmoralizado é porque é ele quem, de fato, sente-se pequeno e desmoralizado. Ao usar a força, tenta tornar-se forte.

Vemos, então, que a agressividade pode permear nossa vida e ser um modo de pessoas muito próximas se relacionarem, entrando em um círculo vicioso do qual não conseguem sair, ainda que queiram e sofram com as violências cometidas e/ou recebidas.

É na família também que vivenciamos e aprendemos todos os tipos de sentimentos. Isso porque é no seio familiar que as relações de maior intimidade e cotidianidade se dão (os integrantes de uma família encontram-se todos – ou quase todos – os dias), propiciando o surgimento dos sentimentos mais intensos, inclusive os agressivos e os violentos. Há ainda uma grande tendência para que certos modelos de relação entre as pessoas tornem-se repetitivos. As discussões são frequentemente as mesmas, e as formas de reagir repetem-se, o que impede que as pessoas consigam resolver seus conflitos com soluções alternativas às já conhecidas.

Além disso, sendo o ambiente familiar um espaço em que as pessoas ficam mais à vontade, elas ficam também mais expostas e, por isso mesmo, mais desprotegidas.

Mais desprotegidas? Mas, afinal, a família não é o lugar de proteção de seus membros?

Sim, em vários aspectos. Costumamos pensar a família de maneira romantizada e idealizada, como sendo um espaço no qual prevaleçam *apenas* as trocas amorosas e afetivas, garantindo proteção, cuidado e harmonia para o desenvolvimento saudável dos filhos. É justamente na família, nesse lugar cheio de amor e de lealdade, que *também* vamos deparar com a violência. É no convívio familiar que cada um de nós pode exibir seus aspectos mais frágeis e vulneráveis, ficando expostos à possível violência dos outros membros da família.

As famílias são fruto de outras famílias. Muitas vezes repetimos, mesmo sem querer ou sem ao menos nos darmos conta, as formas do comportamento familiar que aprendemos, transmitindo-as para as gerações seguintes. Entre essas formas, como dissemos, está a violência.

É assim: herança de família é tudo, não só bens materiais. Junto com a passagem das gerações, transmitem-se também hábitos, crenças, segredos e os modos de se relacionar.

> Herança de família é tudo, não apenas os bens materiais.

Exemplos

João cresceu em uma família com regras bastante definidas. Em sua casa, todos jantavam juntos na hora em que o pai chegava. João casou-se com Vera e têm dois filhos adolescentes. Quando ele chega em casa, cada filho está ocupado com suas próprias atividades, em geral no computador. João fica muito bravo com eles e sempre repete que em sua casa todos respeitavam seu pai; a prova disso era que se sentavam juntos para jantar quando ele voltava do trabalho. João gostaria de repetir o modelo aprendido e está convencido de que seus filhos não o respeitam, uma vez que não interrompem o que estão fazendo quando o pai retorna, como ele próprio fazia na infância. Não consegue ver sua família atual como sendo diferente e atribui sentidos – respeito/falta de respeito – a partir de referências do passado, ficando sempre muito aborrecido e sentindo-se desrespeitado por seus filhos. Como consequência, João briga com os filhos e os castiga; briga também com a esposa quando ela demonstra pensar de maneira distinta sobre o comportamento dos adolescentes, não encontrando motivos para castigá-los.

Outro caso: o pai de Paulo era muito bravo e, em seus acessos de raiva, batia nele e em seus irmãos, quando crianças, para que o obedecessem. Paulo, agora adulto, luta contra seus próprios ataques de fúria, que invariavelmente resultam em surras nos filhos. Sempre se arrepende, mas não consegue evitar o impulso que toma conta dele e que o leva a bater nos filhos antes de poder pensar e conter-se.

Assim, os modelos de relacionamento que temos em nossas famílias, ainda que muitas vezes sejam motivo de sofrimento, acabam se repetindo frequentemente nas gerações seguintes, sem que se possa controlá-los ou evitá-los. São modelos incorporados de forma inconsciente, e quem os repete não se dá conta da relação desses atos com as experiências em suas famílias de origem.

Nas próximas páginas, abordaremos como a violência familiar constitui-se e reproduz-se dentro de uma sociedade.

Os dois lados da moeda

Quando, em um relacionamento, o que predomina é a violência, temos a tendência a responsabilizar um ou outro dos envolvidos. Mas não é bem assim. Quando a violência acontece, na maioria das vezes, todos são responsáveis e todos sempre saem feridos.

Aqui se impõe a noção de *relações de poder*. No entanto, o poder costuma oscilar entre os vários membros da família; dependendo da dinâmica predominante nos relacionamentos, ele é atuado de acordo com o instrumental à disposição de cada um. Por exemplo, os homens costumam ser fisicamente mais fortes que as mulheres e podem usar essa força física para impor sua vontade. As mulheres podem usar do poder que têm sobre os filhos para voltá-los contra o pai e excluí-lo da convivência familiar. Outro exemplo é quando um dos membros da família tem alguma doença: nesse caso, é possível que esse membro, na condição de vítima, exerça seu poder e controle os demais membros do grupo. É bom lembrar que, em algumas situações, há desigualdade evidente de poderes – como entre adultos e crianças –, e aí as relações de poder podem tornar-se patológicas, dada a fixidez das posições.

Exemplos

Rosa, natural de uma cidadezinha do sertão nordestino, casou-se com Jailson e foi com ele para a *cidade grande* (São Paulo), deixando a família de origem no Nordeste. Logo no começo do casamento, Jailson batia em Rosa sem que ela soubesse o motivo. Rosa tentou falar com a mãe a respeito, disse que estava muito infeliz e que gostaria de voltar para a casa dos pais. Sua mãe, de origem humilde e de criação rígida, recusou-se a acolhê-la, dizendo que ela também havia apanhado do seu marido e que agora Rosa era uma mulher casada e devia ficar com Jailson. Rosa levou muitos anos de sua vida e de seu casamento acreditando nisso, sendo submetida aos maus-tratos do marido. Finalmente, com o apoio das amigas e dos filhos, já crescidos, teve coragem para pedir ajuda e separar-se dele.

Outra situação fixa de desigualdade entre poderes, como já dissemos, são os casos de violência de adultos contra crianças.

Observemos a história de José, um menino de 4 anos. Enquanto os pais trabalhavam, o menino ficava sob os cuidados do avô, já aposentado. Passavam as tardes juntos até que o menino começou a apresentar frequentes mudanças de humor e queixar-se de fortes dores de barriga. Os pais de José finalmente descobriram que o avô abusava do neto, mantendo contatos de cunho sexual com ele, sobre os quais pedia segredo. Foi um grande choque para a família, que levou ao rompimento definitivo entre os pais de José e os avós. O abuso sexual é um caso particular de violência e configura-se como crime em grande parte das culturas.

Não sendo caso de crime, devemos lembrar que os poderes são variáveis e, portanto, a violência na família, em geral, é mantida por todos e deixa feridas em todos. O que queremos dizer com isso? As famílias funcionam como grupos e têm seus códigos, seus modos de operar, que todos compartilham e perpetuam. Se, por exemplo, em uma família há uma criança que é mais desobediente, ou que vai mal na escola, ou que briga mais do que as outras, existe uma tendência de que ela venha a ocupar o lugar de bode expiatório, ou seja, ela corre o risco de acabar levando a culpa por situações pelas quais nem sempre é a responsável. Assim, os outros membros da família *livram-se* da responsabilidade ou de sentimentos que não apreciam em si, aliviando-se à custa da criança-problema, que termina por se identificar com essa imagem, sentindo-se um problema.

Outro exemplo: Mauro era um homem bem-sucedido profissionalmente, mas que, apesar disso, sentia-se muito inseguro quanto às suas competências pessoais e profissionais. Era pai de dois meninos – o mais novo atendia a tudo o que os pais queriam; o mais velho dava problema na escola, não fazia as lições, brigava com o irmão, enfim, não se encaixava no modelo desejado pelos pais. Mauro era muito exigente com o filho mais velho, acusando-o constantemente de ser burro e bagunceiro. Comparava-o ao filho mais novo, de modo a desqualificá-lo. Assim, todos se sentiam mais valorizados e competentes, fazendo do filho mais velho uma espécie de *lata de lixo* das coisas que iam mal. Isso criava um sentimento de distância e de isolamento no filho mais velho, que acabava ficando mais rebelde, já que não contava com o apoio de ninguém e sentia-se muito infeliz. Por sua vez, Mauro também se sentia infeliz, pois percebia o quanto era agressivo com o filho, além de ver a si mesmo um pai muito incapaz de ter o filho que sonhara. Dessa forma, o círculo vicioso só aumentava a situação de mal-estar na família e a violência praticada contra o filho mais velho.

1. O que é conflito?

Conflito é o que acontece quando há divergência de opiniões, crenças, ideias, desejos e necessidades. Os conflitos não são uma exceção e não representam um mal em si. Ao contrário, estão presentes no cotidiano dos relacionamentos interpessoais, familiares e institucionais.

A violência não é a consequência inevitável de um conflito; é apenas o testemunho da dificuldade de conviver com necessidades diferentes e encontrar soluções pacíficas para resolvê-las.

Somos todos diferentes, pensamos de formas diferentes, temos crenças e desejos diferentes, e isso não deveria ser um problema. Então, por que se torna um problema? E por que tão frequentemente *conflito* é confundido ou usado como sinônimo de *violência*? Por que será que, muitas vezes, uma mera diferença ganha tanta força a ponto de transformar-se, de fato, em violência?

Porque quando o conflito é entre duas ou mais pessoas, há grande chance de ele se tornar uma disputa de poder. Guerras são desencadeadas por conflitos de interesses entre nações – interesses econômicos, religiosos e/ou políticos –, sendo sempre a concretização de uma luta pelo poder. O mais forte impõe ao mais fraco as suas condições.

Entre duas pessoas, alguém que tenha mais poder ou mais força moral (autoridade) pode se impor e submeter o outro ou entrar em um acordo com ele – caso frequente entre pais e filhos. Se nenhuma dessas alternativas ocorrer, pode haver uma disputa aberta entre as partes.

> Conflito é aquele desconforto que surge quando duas ou mais ideias disputam uma posição de preferência. Diferentes pontos de vista, diferentes interesses, diferentes possibilidades configuram um conflito. Os conflitos fazem parte da vida cotidiana de todas as pessoas. Podem ser internos e/ou externos, ou seja, podem acontecer dentro de si ou entre duas ou mais pessoas.

Mesmo assim, os conflitos são muito importantes para a vida humana, apesar de as pessoas não gostarem de lidar com eles. São necessários ao desenvolvimento, uma vez que promovem a oportunidade de repensar ideias, comportamentos, e inclusive melhorar a qualidade dos relacionamentos.

Os conflitos podem ser internos ou externos

Os *conflitos internos* são aqueles com os quais convivemos quando desejamos duas coisas diferentes, de igual importância, e precisamos decidir entre elas. Por exemplo: Maria gostaria de ter filhos, iniciar uma família, mas também deseja dedicar-se a uma carreira profissional. O que ela priorizará? Enquanto Maria não tomar uma decisão, ela estará em conflito consigo mesma, de modo que, a cada vez que alguma situação evocar seu dilema, ela se sentirá confusa ou irritada, uma vez que não consegue se decidir, e ficará em conflito, sofrendo.

Quando o conflito é interno, eu tenho que me haver comigo mesmo, e vencerá em mim não necessariamente meu desejo maior, mas aquilo que eu julgar menos reprovável (ou mais aceitável) por uma *representação moral* externa. Esta pode ser uma ideia, um conjunto de crenças, um ideal, uma norma do grupo social ao qual pertenço (familiar, religioso) ou qualquer outra representação de autoridade. Também haverá uma disputa interna entre coisas que eu prezo e a expectativa externa, como entre o meu desejo e a opinião dos meus amigos: "Como as pessoas me julgarão se eu decidir isso ou aquilo?".

Os *conflitos externos* são aqueles que acontecem fora de nós, quer dizer, quando duas ou mais pessoas têm opiniões ou interesses diferentes. Por exemplo: Luzia quer sair de casa com a família no final de semana para passear, mas seu marido está mais interessado em jogar futebol com os amigos. Luzia argumenta que nunca está com ele, e ele responde que nunca consegue ver os amigos. Outro exemplo comum é quando o filho quer voltar tarde para casa e os pais querem que ele volte mais cedo. Pronto: temos um conflito! E, como consequência, uma discussão pode ocorrer entre eles, cada um defendendo seu ponto de vista, porque eles pensam e valorizam coisas diferentes.

A menos que haja a possibilidade de diálogo entre os envolvidos e uma aceitação mútua e respeitosa de um em relação ao outro, a repetição dos conflitos entre pessoas que convivem intimamente torna-se algo comum.

Como um conflito pode gerar violência?

Um conflito pode se iniciar a partir de um *desentendimento*, que, dependendo da falta de flexibilidade na comunicação, pode transformar-se em uma *controvérsia*, que, por sua vez, pode vir a desaguar em franca *disputa*. A disputa poderá originar um ato de *violência* se uma das pessoas acreditar que o que está em jogo é sua autoridade e sua autoestima, e não conseguir controlar sua angústia. Na sociedade patriarcal, a tendência é que os homens assumam uma posição de mando em relação às mulheres e não admitam que elas se oponham à sua opinião.

Certa vez, um homem nos contou a seguinte história: ele estava no bar com um grupo de amigos no final do dia. Sua mulher foi até o bar e chamou-o para voltar para casa, pois a comida estava pronta. Ele disse: "Está bom", e continuou lá. Ela, então, apareceu uma segunda vez, disse a mesma coisa e obteve dele a mesma resposta. Um pouco mais tarde, ela foi lá pela terceira vez e chamou-o novamente. Foi aí que ele bateu nela! Ele explicou seu ato da seguinte maneira:

> *Bom, na verdade não queria bater nela, mas ela vem lá, na frente dos meus colegas, me chama uma vez, duas, três... Se eu não faço nada, vão dizer que ela manda em mim e que sou um frouxo! Aí tive que dar uns tapas nela pra mostrar para eles alguma moral!*

Há diferentes formas de se encaminhar um conflito:

1. Desentendimento ➔ controvérsia ➔ disputa ➔ violência.

2. Desentendimento ➔ controvérsia ➔ evitamento.

3. Desentendimento ➔ diálogo ➔ acordo.

Conflitos, mesmo quando externos, costumam gerar conflitos internos, que podem provocar sensações de angústia. É quando ficamos em dúvida sobre qual posição tomar em relação à pessoa com quem estamos em conflito. Por isso, muitas pessoas, em vez de lidar com eles e procurar elaborá-los, tentam evitá-los das mais variadas formas. Algumas formas são bastante comuns e caracterizam diferentes estilos de comunicação.

> **Exemplos de enfrentamento de conflitos**
>
> Negação: "Não tenho conflitos."
>
> Racionalização: "Estou acima disso, não me importo!"
>
> Acomodação: "Deixa pra lá. Deixa o barco correr."
>
> Evitamento: "Prefiro não mexer com isso."
>
> Rompimento total: "Nunca mais quero vê-lo."
>
> Retaliação: "Pode deixar... Ele me paga!"

Essas formas são chamadas *defensivas,* pois são diferentes maneiras de defender-se de uma situação desconfortável. Elas indicam um modelo de funcionamento mental predominante em cada pessoa, que costuma ser acionado sempre que ela se vê diante de uma situação desse tipo.

Entretanto, algumas pessoas mais preparadas para lidar consigo mesmas podem propor um diálogo de esclarecimento, ainda que não seja no momento de maior tensão. Por exemplo, podem aproximar-se do outro, uma vez amenizada a raiva, e sugerir: "Vamos conversar, para tentar saber o que se passa conosco? Quando você faz isso, eu me sinto...".

Há situações de conflito ou brigas de casais e/ou famílias em que, embora todos queiram, é difícil encontrar saídas mais construtivas e criativas, e o que se verifica é a repetição de um padrão de comportamento que leva sempre a um desfecho indesejado. Nesses casos, é recomendável buscar a ajuda de um profissional, como um terapeuta credenciado de casal e/ou de família. Um terapeuta de família pode ajudar a identificar e a compreender os motivos que deflagram os conflitos e a violência, auxiliando os envolvidos a encontrar outros meios de se comunicar e resolver as diferenças. O fato de tratar-se de uma pessoa neutra fará com que os membros da família se sintam mais à vontade e confiantes para expor seus problemas.

> O diálogo é a única forma de se resolver um conflito pacificamente. Ele permite encontrar uma saída, mesmo que seja por meio de uma negociação. Mas há também saídas para situações de emergência. Por exemplo, quando a conversa *esquenta* muito e você pressente que há risco de explosão, é sensato afastar-se até que o diálogo possa ser recuperado. Saia de casa, vá conversar com um amigo ou chame alguém de confiança – de preferência, de confiança para ambas as partes.

2. O que é violência?

A violência pode ser definida como um ato de constrangimento físico ou moral pelo uso de força ou coação contra alguém; um exercício desproporcional de poder que ameaça a integridade física, emocional, religiosa, familiar ou profissional de alguém. A violência, que no passado foi considerada um instrumento adequado para impor ordem e disciplina, hoje, apesar de inadequada, costuma ser usada na tentativa de solucionar um conflito, de maneira imediata e impulsiva, nocauteando uma das partes.

Atualmente, a violência é uma ameaça à saúde pública no mundo, pois afeta a integridade física e mental dos indivíduos, das famílias e da sociedade. A política dos povos ocidentais condena a prática da violência e tem consciência dos prejuízos que ela acarreta.

No século passado, depois das barbáries vividas em duas grandes guerras mundiais, a preocupação com os direitos individuais foi expressa pela sociedade ocidental por meio da Declaração Universal dos Direitos Humanos (1948).

Outras iniciativas fundamentais começaram a delinear-se nos anos 1960, quando vários movimentos feministas ganharam voz na Europa e nos Estados Unidos, lutando pelo direito à cidadania das mulheres. A presença cada vez mais ativa delas no mercado de trabalho e as mudanças na organização familiar apontavam para um novo cenário social. No Brasil, as mulheres começaram a ter representação a partir dos anos 1970, porém, apenas em 1988, terminado o período da ditadura, foi elaborada uma nova Constituição, que recebeu a alcunha de Constituição Cidadã, dada sua ênfase às questões voltadas para os grupos considerados minoritários. Foi, então, no rastro dessa nova Constituição, que os grupos de mulheres, crianças, etnias não caucasianas, idosos e pessoas com deficiência conquistaram leis de proteção, como o Estatuto da Criança e do Adolescente, o Estatuto do Idoso e a Lei Maria da Penha. Diante dessa nova legislação, mesmo que algumas vezes equivocada, foi gerado o fenômeno do *empoderamento*, que proporciona aos sujeitos desses grupos a noção de *cidadania*. A partir daí, práticas abusivas contra pessoas desses grupos ganharam o estatuto de crime e/ou contravenção; ao mesmo tempo, parte da sociedade passou a criticar moralmente essas práticas abusivas, caracterizando o início de um movimento de mudanças culturais. Foram exatamente tais mudanças que levaram a novas perspectivas, ao questionamento do poder absoluto dos homens. Modificaram-se as leis na expectativa de que isso fosse o suficiente para que os homens e as mulheres alterassem sua maneira de agir, sentir e pensar e para que as mulheres, especialmente as mães, preparassem seus filhos para um novo mundo. Mas não foi bem assim. O processo de transformação que se esperava limitou-se a alguns grupos, enquanto outros não conseguiram acompanhar a revolução sociocultural em curso.

Foram essas mudanças que tornaram a prática corriqueira e banal de bater em mulheres no fenômeno hoje denominado *violência doméstica* e que aqui chamamos de *violência intrafamiliar*.

Portanto, práticas consideradas *naturais e legítimas* (a violência contra a mulher ou contra os filhos, por exemplo), que *funcionaram* muito bem durante longos períodos, baseadas em ideologias como poder, disciplina, respeito e educação, passaram a repercutir negativamente na sociedade.

Então, para as novas mentalidades que deram origem às novas leis, a violência familiar ficou caracterizada como um tipo de violência expressa por meio do uso intencional de força ou de poder – de fato ou como ameaça – contra uma pessoa da sua intimidade, que faz parte da sua família nuclear. Morte, lesões, danos psicológicos, privações e omissões que causem ou tenham muita probabilidade de causar morte, lesões, danos psicológicos e transtornos de desenvolvimento são algumas das ações já criminalizadas.

Hoje, há definições bastante precisas e discursos bem articulados sobre direitos humanos e cidadania, mas ainda temos dificuldade em implantá-los em nossas vidas. Falamos em diversidade, protagonismo, liberdade e equidade como quem fala de princípios claros e estabelecidos. E aí vem o paradoxo: a par dessa verdadeira exaltação em torno de temas referentes à igualdade de direitos e ao uso das garantias jurídicas desses direitos, convivemos cotidianamente com práticas individuais e coletivas, inclusive das políticas públicas e administrativas, que demonstram enorme dificuldade de incluir na vida cotidiana esses valores. Portanto, como visto anteriormente, leis e direitos garantidos não são suficientes para assegurar mudanças culturais. Essa é uma das causas que mantêm viva a violência dentro da família.

Hoje, sabe-se que inclusive homens, mesmo que estatisticamente em número muito menos significativo, podem ser vítimas de violência praticada por suas mulheres e/ou seus filhos. Trata-se de um tema pouco debatido no Brasil, em grande parte por representar um tabu para a sociedade patriarcal, que desmoraliza os homens considerados *fracos*, gerando vergonha e constrangimento às vítimas dessa espécie de violência.

Outros aspectos da violência na família

Temos uma visão romantizada da família, uma ideia de que é uma instituição em que deveria haver apenas paz e amor, e, por isso, ficamos surpresos com o fato de que haja tantas manifestações violentas em seu interior. Os próprios mitos bíblicos apresentam grande coleção de eventos violentos, desde assassinatos entre irmãos, como Caim e Abel, até práticas cruéis, como no mito de Esaú e Jacó, filhos de Isaac e Rebeca. Neste último, Jacó, enciumado de seu irmão primogênito (Esaú), faz um pacto com sua mãe (Rebeca); juntos, enganam Isaac e Esaú, destituindo-o de seu lugar de primogênito. Essa narrativa expõe os pactos de lealdade (visíveis e invisíveis) entre pais e filhos, tanto inconscientes como conscientes. O que ela nos mostra é como muitas vezes as alianças entre pais e filhos podem estar a serviço de rivalidades ocultas entre o casal parental.

É claro que todos sofremos muito quando surgem conflitos e disputas entre os membros de nossa família. A dinâmica e a organização das famílias baseiam-se na distribuição dos afetos, o que acaba provocando, no espaço doméstico, um complexo sistema de competições que deverão ser elaboradas dentro do próprio ambiente familiar. A família é nosso primeiro campo de treinamento, no qual construímos nossa forma pessoal de enfrentar os problemas, forma que tendemos a carregar pela vida afora.

Essas disputas são orientadas, em parte, por lutas de poder motivadas pelo desejo de uns e de outros de serem reconhecidos e amados: filhos disputando entre si o afeto e a aceitação dos pais, quase sempre em nome da autoafirmação e da vontade de atrair a atenção dos outros sobre si – o que é uma forma infantil de demonstrar ânsia de reconhecimento e de valor; pais desejando ser admirados e amados por seus filhos; etc. Trata-se de disputas naturais, que estimulam sentimentos ambíguos de amor/ódio, aliança/competição, proteção/domínio entre todos os membros da família. Pais e mães não são apenas amorosos e protetores, eles também podem ser cruéis com seus filhos, assim como entre si; irmãos são cruéis uns com os outros ou com seus pais, e assim por diante. Famílias despreparadas para compreender, administrar e tolerar pacificamente esses conflitos tendem a resolvê-los por meio de ações violentas.

Como já mencionado, é importante levar em conta, por um lado, a influência da nossa cultura no que diz respeito aos homens, que utilizaram, durante milênios, a violência como forma de resolver conflitos, e, por outro, o despreparo psicológico ou a falta de conhecimento de certas famílias para adotar maneiras mais pacíficas de solucionar seus problemas.

> A família é o primeiro núcleo de socialização dos indivíduos. É ela que transmite os valores, os usos e os costumes que formarão as personalidades e os pensamentos das pessoas. É no âmbito familiar que se aprende a resolver os primeiros conflitos.

A violência pode ser uma espécie de *herança familiar*. Estudos comprovam que o ciclo da violência começa cedo na vida das pessoas. Tem início quando crianças, filhos de famílias estressadas ou disfuncionais, sentem-se abandonadas e não encontram razão para crer que são importantes em seu ambiente familiar, quando são diretamente abusadas pelos adultos ou quando aprendem, observando as relações entre esses adultos, que é por meio da violência que se resolvem conflitos.

> *Família disfuncional* é aquela em que os conflitos, a má conduta e, muitas vezes, o abuso entre seus membros são produzidos de maneira contínua e regular. Algumas crianças que crescem nessas famílias acabam pensando que esse tipo de relacionamento é normal.

Até hoje, pouca atenção foi dada aos prejuízos que uma criança sofre quando é testemunha de ações violentas dentro de sua própria casa. Crianças expostas à violência doméstica, como vítimas diretas ou testemunhas, tendem a demonstrar pouco interesse em atividades sociais e/ou escolares, apresentam medos infundados e distúrbios de sono e de aprendizagem.

3. Quando o príncipe vira sapo, e a princesa, uma bruxa

O mal-estar entre o casal pode ser resultado de um sentimento de desilusão. Na sociedade ocidental, todo casal, ao escolher seu par, vive a ilusão de se tornar *uma única* pessoa com o outro; o desejo de encontrar o igual, o gêmeo, o complementar, aquele junto do qual a pessoa *se completa*. A paixão, estado de ilusão de completude, não pode ser sustentada indefinidamente. Todos estamos submetidos às frustrações do cotidiano e às suas demandas, à convivência na intimidade, à passagem do tempo e às implicações disso sobre o corpo e a vida, ou seja, aos aspectos da condição da incompletude humana.

Portanto, toda vez que há uma desilusão, esta pode ser sentida como um ataque ou uma vivência de ter sido enganado: "Agora eu sei bem quem você é!"; "Achava que eu te conhecia, mas estava enganado". De fato, o desejo de poder conhecer o outro inteiramente jamais é alcançado, por mais que queiramos.

E assim, quem antes era príncipe ou princesa, na convivência da vida cotidiana, acaba se tornando uma pessoa comum. Pessoas comuns não são sapos ou bruxas, mas podem ser sentidas como tais quando não se consegue tolerar a frustração pelas diferenças. As pessoas são diferentes umas das outras, ainda que tenham muitas coisas em comum. A ideia de que encontramos nossa *cara-metade* e que o outro nos *completa* não resiste ao tempo, pois não é real. Muitas vezes, assistimos a brigas entre casais que não suportam a vivência de que o tempo de agora é diferente do tempo de antes, quando tudo parecia completo. Querem retornar no tempo, querem de volta o príncipe e a princesa imaginados; acreditam que o outro deixou de amá-los ou que, expressando suas diferenças, o faz apenas para maltratá-los. As brigas então assumem um ar de acusação e visam à mudança do parceiro, para que este se ajuste ao desejo de voltar a ser *a cara-metade*.

O conflito é a evidência de perspectivas diferentes, já que as pessoas são diferentes. Mas um conflito pode deixar de ser simplesmente a expressão dessas diferenças e tornar-se uma competição do tipo: quem tem razão, quem sabe como as coisas devem ser, quem é melhor, quem é mais importante. Assim, a ideia ou a solução que prevalece faz com que um se sinta mais forte e o outro, mais fraco, excluído, desvalorizado ou agredido.

Quando se acredita que um conflito só pode ser resolvido pela eliminação de uma das partes, isto é, se um ganha, o outro necessariamente perde, torna-se impossível fazer uma composição ou negociação das diferentes ideias ou posturas, criando antagonismos, e não colaboração.

É frequente observarmos o acirramento de posições e a inflexibilidade dos parceiros ou membros de uma família quando só há espaço para *uma* maneira de pensar, ou seja, quando não é possível a convivência entre as pessoas, a menos que todas pensem de um único modo. O desejo de ser *um* é o de eliminar diferenças, alcançar a ideia de que há *uma verdade* superior. Como encontrar, então, espaço para dois ou mais pensamentos em uma família ou em um casal, sem que se imponha a necessidade de serem todos iguais? Esse é um desafio que somente é alcançado com o amadurecimento dos membros da família e com o aumento da tolerância à frustração.

Uma questão importante que transforma o conflito em disputa é a dotação de valores às diferenças: algumas coisas são valorizadas, bem-vistas, enquanto outras são desvalorizadas, malvistas. Por exemplo, ser casado é mais valorizado que ser solteiro, ou ser homem é mais valorizado que ser mulher, ou, ainda, dedicar-se somente à maternidade é mais valorizado do que preferir ter uma carreira profissional. Um homem não ter trabalho remunerado e sua mulher sim é visto com ressalvas, enquanto o contrário é compreendido como *natural*. Há inúmeros valores em nossa sociedade dos quais nem sempre nos damos conta, mas eles têm consequências importantes na maneira como nos relacionamos e como entendemos o mundo em que vivemos.

A disputa, enfim, torna-se realmente grave, podendo chegar a atos extremamente violentos ou até à morte, quando uma das partes sente ou fantasia que vencer aquela divergência representa a sobrevivência de sua moral ou de sua honra. É uma questão de garantia do próprio *eu*, do próprio poder ou mesmo da própria existência. Como nossa sociedade atribui mais poder e exige mais força moral dos homens que das mulheres, é comum que os homens acreditem ser vital para eles que suas mulheres ratifiquem sempre sua superioridade por meio de seu comportamento. Essa pode ser uma grande razão para que a violência seja mais comumente praticada por homens do que por mulheres. Estatísticas mostram isso (DUARTE, 2011). É muito improvável que uma disputa entre duas mulheres provoque a morte de uma delas.

Paula e Jorge: a violência doméstica e o desamparo[3]

Paula e Jorge são casados há sete anos. Namoraram durante muito tempo, mas a *grana era sempre curta* e casar tornava-se um projeto distante. Finalmente, Jorge começou a trabalhar em uma empresa, com carteira assinada e benefícios. Paula trabalhava como recepcionista no escritório de advogado bem-sucedido e respeitado, o Dr. Mendes. Assim, ambos finalmente estavam em condições de começar a organizar o grande evento (o casamento), pelo qual ansiavam há tanto tempo. Foi uma época feliz, de muitos planos, ainda que comedidos; alegravam-se porque o casamento certamente aconteceria. Conseguiram alugar um pequeno e confortável apartamento em um ponto da cidade onde o acesso à condução era fácil, o que lhes permitiria chegar ao trabalho em menos tempo. A caminhada entre o ponto de ônibus e o apartamento levava cerca de quinze minutos, em uma vizinhança em que havia comércios, pequenos estabelecimentos e um bar frequentado pelos moradores do bairro (os homens principalmente), o que garantia, de certa forma, um trajeto tranquilo até o prédio em que moravam.

Seis meses após o casamento, com tudo indo bem, surgiu mais um motivo de alegria: a gravidez de Paula. Assim, ambos conseguiram realizar um projeto de vida que os fazia se sentirem bem e felizes com eles mesmos, casados, com trabalho, com apartamento e, em breve, com um filho. Tudo completo!

Paula cuidava dos afazeres da casa, cozinhava quando voltava do trabalho e os dois assistiam a um pouco de TV juntos. Nos finais

---

[3] Caso inspirado no curta-metragem produzido pelo Instituto Promundo, do Rio de Janeiro, *Não é fácil, não!* (2003).

de semana, visitavam a família ou passavam o dia com algum amigo de trabalho dele. Jorge não era muito de conversar, mas se sentia feliz por prover as necessidades da casa e até mesmo, às vezes, algum pequeno luxo comprado no comércio das redondezas para agradar a esposa. Ela também estava satisfeita com a vida de casada, com o *status* que agora tinha como *mulher casada*; além disso, logo seria mãe. Com frequência, sentia-se cansada, mas sempre poderia descansar no final de semana ou tirar um cochilo no ônibus.

Com o nascimento de Jorginho, Paula tirou licença para tomar conta do filho, uma criança muito boazinha, mas que, como todo bebê, chorava bastante e precisava de cuidados. Jorge trabalhava o dia todo, procurando, orgulhosamente, garantir tudo o que a esposa e o filho precisassem. E assim viviam.

Porém, inesperadamente, em um corte de pessoal, Jorge perdeu o emprego. Como contar a Paula? Como manter os pagamentos em dia e atender às necessidades do filho pequeno? Paula era tão competente, cuidava bem do filho, da casa, cozinhava bem, seu patrão a elogiava constantemente e confiava-lhe trabalhos importantes. Jorge sempre se sentira valorizado como marido junto a ela e sua família, pois tinha seu trabalho, com seu salário garantido, até que bem pago, em uma boa empresa. Mas e agora? Não podia contar nada, porque pegaria mal... Daria um jeito, faria bicos, tentaria chegar em casa depois de Paula para que ela não desconfiasse de nada – afinal, pensava ele, homem respeitável trabalha até mais tarde e não chega em casa antes da esposa. Ficaria na rua até mais tarde mesmo que fosse para *tomar umas* no bar antes de voltar para casa, só para *fazer hora*; mas chegar cedo e passar pela humilhação de Paula saber de sua demissão, nem pensar! Ele daria um jeito!

Foram se distanciando, cada um cuidando da própria vida, quase não conversando mais. Jorge se esquivava, não falava do trabalho (já que não tinha um), os bicos nem sempre apareciam e estava cada vez mais difícil manter as despesas da casa. Não conversava com Paula nem com ninguém, pois não conseguia encarar uma situação que, a seu ver, era tão humilhante. Às vezes, o que aliviava era passar no bar, tomar uns tragos e esquecer um pouco de sua condição de desempregado. Sentia-se inferiorizado perante todos aqueles que trabalhavam e, principalmente, sentia-se inferiorizado perante Paula, que não só mantinha seu emprego, como também dava conta do filho e da casa.

Paula, por sua vez, não sabia o que se passava com Jorge, tão calado e frequentemente mal-humorado; ele só queria ver TV e dormir. Ela estava muito sobrecarregada com todos os afazeres; a casa precisava de reparos, a pia pingava sem parar, mas Jorge não notava ou, então, não ligava para as coisas que necessitavam ser feitas. Deixava tudo para ela resolver. Mas ela também foi se afastando dele, da família – não contaria para seus pais as dificuldades que enfrentavam; não queria que soubessem como as coisas estavam desandadas; afinal, ainda era uma mulher casada, com filho e com uma reputação a zelar.

A primeira vez que Jorge bateu nela foi quando, ao voltar do trabalho, no caminho de casa, Paula o viu no bar, de papo furado, bebendo cerveja. Vários pensamentos vieram à sua cabeça: que folgado! Ela sempre tão sobrecarregada, cansada, com a casa precisando de tantos reparos, com o dinheiro tão curto, e Jorge lá, de *papo pro ar*, bebendo com aqueles desocupados.

Em casa, esperou por Jorge enquanto preparava o jantar e cuidava de Jorginho. Ao vê-lo chegar, já exasperada, iniciou um pequeno interrogatório. Quis saber onde ele estava até aquela hora (não disse nada sobre tê-lo visto), falou da pia que pingava sem parar, das contas atrasadas, mas Jorge não respondia. O que iria dizer? Que não tinha mais emprego? Que estava no bar por vergonha de chegar em casa mais cedo do que ela? Que bebia um pouco para esquecer e aliviar sua condição tão humilhante?

Seu silêncio era entendido como descaso por Paula, que, já bastante irritada, sentindo-se sozinha e cansada, desferiu a frase que foi a gota d'água: "O Dr. Mendes é que é homem de verdade. Ele não deixa a casa dele deste jeito!".

Jorge se viu sem alternativas: não podia falar sobre o que acontecia; fora abertamente declarado um homem inferior por sua mulher; sentia-se impotente em relação ao Dr. Mendes, sem nenhum recurso a seu favor. Ele não era homem? Que ousadia! Quanta humilhação! Queria livrar-se daquela sensação horrível, fazê-la desaparecer, recuperar-se como homem. Ela ia ver! E, quase sem pensar, levantou o braço e deu-lhe um grande e poderoso tapa na cara, que a derrubou. Ambos ficaram arrasados e não falaram nada. A dor vinha de muitas fontes diferentes: a dor do tapa, a dor de ter batido em sua mulher, que nem sabia de nada do que lhe acontecia e que se esforçava muito para manter a casa funcionando, a dor da humilhação de ambos, a vergonha em bater e a vergonha de ter apanhado. Uma confusão de sentimentos: ódio, vergonha, ressentimento, medo, culpa... O tapa tinha vindo no lugar da conversa impossível. Jorginho assistia a tudo com muito medo. Quem iria protegê-lo? Seu pai era grande e mais forte do que a mãe e ele. Ele não tinha como cuidar de si nem da mãe, caída, machucada. O pai o assustava quando ficava bravo.

O isolamento intensificou-se: cada um *ficava na sua*, não se falavam, e tampouco falavam sobre o episódio de descontrole que gerou o tapa com mais ninguém. Não tinham como nem com quem conversar. Não dava para compartilhar tamanha humilhação e fracasso. Onde foi parar tudo o que tinham planejado para suas vidas? Como admitir que as coisas estavam tão difíceis e que eles não sabiam como sair daquela enrascada?

Vamos entender?

A história de Paula e Jorge é muito frequente. Aqui, a violência – tanto física, de Jorge contra Paula, quanto verbal, de Paula contra Jorge, ao inferiorizá-lo em relação a outro homem mais *poderoso* – vem como uma tentativa de eliminar um mal-estar, um sentimento de impotência, de fragilidade, de fraqueza. O conflito parece ser mais de ordem psicológica, e a força da violência é um recurso que visa a restabelecer uma autoestima abalada, reequilibrar poderes, mas que, de fato, expressa falta de recursos.

> *Falta de recursos*, do ponto de vista psicológico, é uma expressão que revela a angústia gerada por sensações de impotência e/ou desamparo, pela ameaça de alguma perda. Na maioria dos casos de violência masculina, a ameaça é em relação à perda de identidade.

A violência praticada por ambos é resultado da impossibilidade de compartilharem a solidão, a sobrecarga, o fracasso e a impotência. A desvalorização do outro é uma tentativa de sentir-se mais forte e menos desamparado. Assim, procuram livrar-se de todos os sentimentos de inferioridade atribuindo a impotência ao outro, seja pela força física, do mais forte sobre o mais fraco, seja por meio de palavras ou de ações que diminuam o parceiro.

Não podendo compartilhar suas dores e seus sentimentos, o que dividem é a vivência de fracasso, gerando ódio em ambos. *A violência é a expressão do ódio e da impotência*, mas é também, em casos como este, *expressão da necessidade de ajuda* e de não saber como sair dessa situação difícil. Sabemos que, ainda que haja ódio, há também outros afetos presentes nos relacionamentos familiares, como amor, compaixão, culpa e ciúme. O uso da violência, entretanto, não é uma boa solução para o restabelecimento do equilíbrio psíquico. A sensação de bem-estar é fugaz e, em muitos casos, traz como consequência a culpa pelo próprio ato.

Vale notar que, nesse exemplo, há uma tendência a identificar na violência física praticada por Jorge uma violência pior. Homens e mulheres podem ter modos diferentes de agredir, e a agressão que humilha ou que desqualifica tem um peso difícil de quantificar ou verificar, já que não fica inscrita concretamente no corpo, mas sim no interior do sujeito – poderíamos dizer que é uma dor na alma. Ou seja, pensamos normalmente, de forma preconcebida, que a violência física é sempre pior. No caso em questão, vemos como a humilhação, o desafeto, o sentimento de rejeição e a baixa autoestima levaram cada um deles a usar aquilo que tinham de mais poderoso contra o outro.

A violência é uma forma primitiva e deletéria de resposta, que tem por finalidade solucionar um conflito, uma diferença, por meio da eliminação de uma das partes. Procura-se suprimir o desconforto ou a ameaça a fim de resgatar o amor-próprio. *Aquilo que é diferente de mim é visto como mau.*

> O que é diferente de mim é compreendido como mau.

4. Idealização e violência ou quando o sonho vira pesadelo

O projeto de casamento, bem como o de construir uma família e ter filhos, é uma parte importante na vida da maioria das pessoas. Esses projetos, com frequência, têm início lá atrás na vida, quando se sonha com o futuro, com o tipo de pessoa que se quer ser, com o cônjuge ideal, como serão os filhos e como será a vida. Enfim, os projetos, antes de virarem realidade, são sonhados, vividos na imaginação; são carregados de expectativas e de desejos.

Em nossa cultura, os casamentos normalmente iniciam-se a partir de um estado de paixão entre duas pessoas. Esse é um estado muito prazeroso, em que se vive uma sensação de que ambos partilham dos mesmos sonhos e querem as mesmas coisas, em que as diferenças e as contradições de cada um são eliminadas. A pessoa apaixonada sente-se completada pela outra. Essa é uma vivência muito boa. No entanto, como cada pessoa é, de fato, diferente da outra – ainda que possam ter muitas coisas em comum –, o estado de paixão e de completude não é eterno e tampouco real. Isso porque a vida cotidiana, aquela que vivemos de verdade, é repleta de frustrações e de dificuldades para todo mundo. Ao longo da vida em comum, como no exemplo de Paula e Jorge, imprevistos acontecem (desemprego, dificuldades financeiras, inúmeros problemas do cotidiano, diferenças de personalidades, diferenças de desejos ou prioridades). Essas situações são frustrantes e podem ser vividas como decepções, como desilusões do sonho de um casamento perfeito ou como fracasso. Ou seja, o sonho é criado de maneira idealizada, perfeita, sem falhas ou faltas, e a vida é diferente disso.

No exemplo de Paula e Jorge, tudo parecia perfeito, eles viviam da maneira que sempre imaginaram, até que Jorge perdeu o emprego. Nesse caso, vemos como ambos vão ficando frustrados, e o que prevalece é um sentimento de fracasso e de falta, que nenhum dos dois suporta. Sem poderem encaixar-se na imagem que gostariam de ter de si, no ideal que haviam imaginado, sua vivência resume-se a infelicidade e humilhação. Consideram isso algo vergonhoso, que atinge sua autoestima; não encontram meios para lidar com as dificuldades reais com que se deparam. A raiva e a desilusão tomam conta de suas vidas e impedem a conversa, o diálogo e a parceria para enfrentarem os problemas. O ressentimento, os ataques e as acusações mútuas são resultado dessa vivência de fracasso pessoal, em que o outro é visto como responsável pela situação. Assim, Paula sente que Jorge o culpado pelas dificuldades e limitações em sua vida, e Jorge sente que Paula é quem o coloca na posição de homem inferiorizado e humilhado.

De forma semelhante, quando um casal resolve ter filhos, imagina filhos perfeitos, inteligentes, bonitos, saudáveis, enfim, imagina tudo de melhor. Em outras palavras, idealizam os filhos. Porém, os filhos também frustram os pais, pois há inúmeras dificuldades em criá-los na vida real. Muitas vezes, os pais não suportam a desilusão de que seus filhos não sejam perfeitos como imaginaram, como desejaram. Os filhos são pessoas reais, com problemas e dificuldades reais. Podem trazer muitas alegrias e, também, muitas frustrações. Quando os pais não toleram ter que alterar seus sonhos de filhos idealizados e lidar com os filhos reais, podem reagir de maneira violenta em relação a eles. Por exemplo, se o filho não é bom aluno e isso frustra os pais, eles podem acusá-lo de ser vagabundo ou incompetente, de não ter consideração pelo esforço dos pais, ou, ainda, podem castigá-lo. A impossibilidade de suportar a frustração pode impedir que ambos conversem com o filho, que entendam quais são suas dificuldades, para que encontrem saídas possíveis, não as ideais.

A idealização é um mecanismo que elimina tudo o que é indesejável da vida. Contudo, a idealização não é a realidade, mas um desejo de perfeição impossível de ser alcançado e que tem como consequência fazer com que o sujeito se sinta sempre inferiorizado. Se não puder ser reformulado de maneira a ir adequando-se à vida real, torna-se fonte de muito sofrimento. O sujeito que não consegue abrir mão da idealização sente-se perseguido pelo fracasso. Seria algo como: "Se não sou perfeito, se meu casamento não é perfeito, se perco o emprego, se meu filho tem dificuldades, sou um fracassado, sou pior do que os outros." A violência, nesse caso, é expressão da raiva pela impotência em não poder viver no sonho idealizado. Muitas vezes, ela é praticada contra aqueles que são próximos, imaginando que eles são os causadores da vivência de fracasso pessoal e do sentimento de inferioridade. É como se o sujeito pensasse: "Se você não fosse assim ou não fizesse determinada coisa, eu não estaria me sentindo tão fracassado; a culpa é sua".

A impossibilidade de lidar com a vida real e o apego às idealizações impedem, na verdade, que o sujeito encontre alternativas viáveis para enfrentar seus problemas. Em suma, o objeto sonhado é sempre idealizado e, portanto, é sempre fonte de frustração quando não pode ser adaptado às condições reais.

5. Projeção ou "Como me livro desse mal-estar?"

A história de Paula e Jorge nos mostra um casal que fica perdido quando seus sonhos, que pareciam possíveis de serem realizados, começam a ruir. Por que isso acontece? Porque sonhos são ideais, e ideais não são reais. A vida tem altos e baixos, e requer muito trabalho lidar com as situações de frustração com as quais vamos nos deparando, com a passagem do tempo e com as mudanças que ocorrem.

Ao perder seu emprego, Jorge não consegue ver o fato como mais um problema da vida a ser enfrentado junto com Paula, mas, ao contrário, sente-se incapaz, incompetente, diminuído frente a outros homens e à sua mulher, que gostaria que ele fosse um grande homem, provedor da família. Paula também fica desamparada por conta das frustrações da vida, a qual se mostra tão diferente daquela que desejava para si e para sua família. Não sabe o que fazer ou como lidar com as dificuldades com que se depara.

Nesse caso, ambos ficam frustrados e, em vez de discutirem juntos formas de reagir àquela situação, passam a compartilhar um sentimento de fracasso e de impotência, que não toleram.

As acusações que se seguem e a violência de ambos – uma verbal e psicológica, e a outra física e psicológica – são tentativas de livrar-se do mal-estar atribuindo a culpa pelas dificuldades ao outro. É como uma batata quente que ninguém suporta segurar e, portanto, joga para cima do outro.

Jorge e Paula tentam *livrar-se* do sentimento de inferioridade por meio de acusações ou de atos violentos, que levam o outro a sentir-se mal, incompetente ou fracassado. Quando Paula insinua que, se tivesse outro marido (o chefe), não estaria passando por todas essas dificuldades, o que ela faz, na verdade, é passar para Jorge o sentimento de inferioridade presente em si mesma. Quando Jorge, por sua vez, bate em Paula, torna-se momentaneamente forte e poderoso em relação à esposa, saindo da posição de fracasso e de impotência vinculada ao fato de estar desempregado. A esse modo de tentar livrar-se da dor, do fracasso, da impotência ou do desamparo, fazendo com que o outro sofra e sinta o que estamos sentindo, damos o nome de *projeção*. Projeta-se em outro aquilo que não suportamos sentir em nós mesmos. É uma espécie de pedido de ajuda muito equivocado, no qual *contamos com o outro* para carregar um peso emocional que não aguentamos carregar em nós mesmos.

Como, no entanto, a projeção não elimina, de fato, os sentimentos, mas somente inverte temporariamente os lugares de superioridade e inferioridade, ela faz com que os envolvidos fiquem presos a uma teia de trocas agressivas ou violentas.

6. E as famílias... sempre foram assim?

A família é um tipo de sistema fundamental na organização da sociedade como um todo. Mas, assim como a sociedade, a família influencia e é influenciada pelas mudanças socioeconômicas, políticas e religiosas, ficando exposta a elas. Desde a Idade Média, quando os grupos humanos começaram a constituir extensas famílias, elas vêm sofrendo modificações constantes, sendo que nunca tanto quanto nos dias atuais a diversidade tomou conta de suas formas de organização.

No passado, as famílias compunham-se como uma rede de pessoas, parentes diretos ou indiretos, filhos adotados, filhos ilegítimos e agregados, ligados pelo sangue ou por necessidades patrimoniais. Organizado e disciplinado pelo chefe da família (patriarca), o grupo prestava a ele respeito e lealdade incondicionais. Os casamentos eram arranjados entre os pais, responsáveis pela definição do futuro dos filhos. Essas famílias eram chamadas *extensas* porque eram compostas por inúmeros membros. Diferentemente das famílias de hoje, reuniam pessoas de várias gerações, que viviam e geravam renda, muitas vezes em conjunto, para dar conta da manutenção do grupo. Ter muitos filhos era importante tanto do ponto de vista religioso quanto pela força de trabalho que eles representavam.

Nesse tipo de organização familiar, os conflitos costumavam ser mais reprimidos, menos expostos; as leis de relacionamento eram praticamente definidas pelas distintas posições que cada um ocupava na família. O respeito e a obediência eram fundamentais e observados, fosse por crença, fosse por temor.

Com o tempo, as famílias extensas se transformaram, sendo que, por volta do século XVIII, em decorrência de vários fatores sociais, como o fenômeno da Revolução Industrial, os homens ficaram encarregados do trabalho remunerado e foram saindo de casa para garantir o sustento de sua prole, enquanto as mulheres, que antes participavam na geração de renda, passaram a ficar em casa cuidando dos filhos e dos idosos, trabalho pouco valorizado, já que era caracterizado pela gratuidade, ou seja, por não ser remunerado. As famílias começaram, então, a encolher, os espaços físicos foram mudando e, na classe média europeia, surgiu o que chamamos de *família nuclear*, composta por um par de adultos e seus filhos, em que o homem, por ser o gerador de renda, continuava a ocupar o lugar de maior autoridade. Mantinha-se vivo o sistema patriarcal, com o pai na condição de responsável pela moral da família, substituído, em sua ausência, pelo filho – do sexo masculino – mais velho, seu herdeiro. Apesar das enormes mudanças da atualidade, algumas famílias financeiramente *poderosas* ainda se organizam dessa maneira.

A maioria, entretanto, pouco a pouco, diante das novas práticas sociais, começou a apresentar as mais distintas configurações. Foi em meados do século XX, sempre como consequência de várias mudanças na sociedade, dentre as quais a aquisição da pílula contraceptiva, a entrada da mulher no mercado de trabalho e os movimentos feministas, que o perfil da família sofreu grandes transformações, principalmente na década de 1960, quando houve uma grande revolução nas práticas sexuais e no direito ao prazer das mulheres e quando as separações entre casais começaram a tornar-se mais comuns. O ideário a respeito do casamento indissolúvel deixou de ser um tabu, liberando inúmeras mulheres de casamentos indesejados e permitindo-lhes reconstruir suas vidas afetivas com outros homens.

Como consequência dessas mudanças, uma das prescrições mais notáveis, que dizia respeito ao regime de obediência absoluta ao chefe da família, perdeu sua força. As mulheres, mais livres e participando ativamente do orçamento familiar, ganharam mais poder e respeito, e as leis vieram a seu favor.

Aqui, vale a pena fazermos uma breve observação: a questão do descasamento sempre foi um problema típico da classe média devido à preocupação das famílias com a manutenção do patrimônio. Nas classes de baixa renda, esse problema não se coloca da mesma maneira, o que amplia a margem para que homens e mulheres tenham vários relacionamentos e filhos com diferentes companheiros.

A desconstrução de vários mitos e tabus e a independência adquirida pelo grupo feminino permitiram à sociedade inaugurar novas práticas nos relacionamentos amorosos, e o que temos hoje é, sem dúvida, uma gama de diferentes tipos de organização familiar, que variam desde a família composta por dois adultos de sexos diferentes, com esposa e filhos carregando o sobrenome do marido, até famílias formadas por dois adultos do mesmo sexo e seus filhos, cada um com um sobrenome diferente.

Essa diversidade, amparada pelo afeto, inclui, além das famílias tradicionais, famílias monoparentais, com pais do mesmo sexo ou recompostas. As monoparentais são, geralmente, organizadas em torno da mãe e seus filhos, e as recompostas são aquelas constituídas a partir da união de casais divorciados, as quais acabam organizando-se em torno de dois pais e duas mães, (um biológico e outro social), cujos filhos convivem entre si como irmãos, podendo vir a ter outros irmãos concebidos pelo novo casal.

Já as famílias homossexuais (pares masculinos ou femininos) podem ou não ter filhos biológicos ou adotados. Graças aos princípios gerados pela proclamação dos direitos humanos, voltados ao respeito pela autodeterminação e à democratização dos usos e costumes, alguns países, como o Brasil, regularizaram em 2011 a legalidade da união estável entre duas pessoas do mesmo sexo, incluindo seu direito à adoção de filhos. Assim, cada vez mais os modelos hegemônicos estereotipados vêm sendo questionados por inúmeros grupos, enquanto outros se apegam a eles *com unhas e dentes*, gerando essa série de mudanças, conflitos e ambiguidades aqui em debate.

Com relação à violência, ela pode atingir qualquer um desses tipos de família, vindo principalmente da parte dos homens. Isso porque, como já dissemos, em nossa sociedade sempre se estimulou, de forma explícita, a coragem e o heroísmo masculinos, de modo a exigir dos homens comportamentos muitas vezes violentos como demonstração de masculinidade. Consequentemente, a violência praticada por eles sempre foi aceita como garantia de virilidade e manutenção de autoridade. Mesmo diante de toda a autoridade hoje adquirida pelas mulheres, muitos homens ainda utilizam a força física e a violência como meio de assegurar seu controle sobre elas. Esses homens fazem parte dos grupos que continuam agarrando-se *com unhas e dentes* ao modelo tradicional, seja por insegurança, seja por interesses materiais, seja por falta de esclarecimento, seja porque sentem que seu único espaço de poder está no âmbito familiar – o único que ainda lhes garante, em sua fantasia, o *status* hegemônico, idealizado. Considere-se, porém, que o *status* hegemônico masculino não é democrático nem entre os próprios homens. A verdadeira hegemonia é representada pelos homens brancos, ricos e educados. Nas classes de baixa renda, em que os homens se sentem socialmente pouco representativos, o espaço da família torna-se essencial para o exercício e para o reconhecimento de sua masculinidade.

Pesquisas demonstram que em grupos da classe média, nos quais o que vale é o capital intelectual (casais que tiveram maior acesso à educação), a violência quase não é detectada (ACOSTA; BARKER, 2003). De modo geral, o casal tende a ser mais aliado, um apoia a carreira do outro e os planos são feitos em conjunto, demonstrando que a parceria é possível e desejável para ambos. É importante não confundir riqueza intelectual com riqueza financeira.

No que diz respeito aos conflitos, esses casais procuram abordá-los com maior clareza. Há famílias que conseguem desenvolver um clima que permite o diálogo, outras nem tanto. Também é essa a população que investe na procura de ajuda terapêutica. Em situações mais conflituosas, buscam o auxílio de terapeutas de casal ou de família, com o intuito de encontrar melhores formas de comunicação entre si.

7. Detectando sinais de violência na família

É frequente as pessoas próximas (amigos, familiares e colegas de trabalho) observarem alguns sinais na família que vive situação de violência ou na mulher que está sendo sistematicamente maltratada. Alguns desses sinais podem ser:

- isolamento;

- indisposição para conversar;

- desculpas frequentes para evitar encontros ou diálogos de cunho mais pessoal;

- justificativas *esquisitas* para explicar machucados;

- faltas no trabalho por *doença*;

- humor desanimado (deprimido) ou distante;

- evita frequentar a casa de amigos/parentes ou de receber em casa.

Um amigo, um parente, um colega de trabalho ou um professor de escola do filho, por exemplo, pode ajudar a detectar esses sinais.

> A violência não se restringe a atos corporais nem a sentimentos de humilhação. Os sentimentos de humilhação são um subproduto da dor física ou psíquica, e é exatamente essa a intenção do agressor em relação ao agredido: fazê-lo sentir-se humilhado.

As relações de gênero nas famílias

Enquanto seres humanos, do ponto de vista biológico, há dois tipos de corpos que nos são destinados ao nascer: o corpo masculino e o corpo feminino. A essa característica, sobre a qual ainda não temos qualquer possibilidade de decisão, dá-se o nome de *sexo*.

O sexo do bebê terá importância significativa em seu roteiro de vida, como o primeiro e principal traço que marcará sua experiência civil, emocional e pessoal para sempre. Será também determinante em aspectos que vão desde o tratamento que receberá de seus pais até sua educação, oportunidades, carreira e assim por diante. Meninos e meninas são educados diferentemente em todas as culturas.

Seu sexo, acompanhado do nome correspondente, definirá sua identidade social e jurídica, mas para ele se tornar um ser social é preciso passar por um processo de socialização que lhe mostrará o que significa, para a sociedade, ser homem ou mulher. Esse processo de aculturação é que construirá uma pessoa com as características do *gênero* a que pertence. Quer dizer que, desde o nascimento, somos ensinados sobre como devemos nos comportar, sentir e desejar, segundo o sexo com o qual nascemos.

> Cada cultura tem seus próprios códigos a respeito de como corpos masculinos e femininos devem se comportar, sentir e desejar. Se o *sexo* é biológico, o *gênero* é cultural.

O gênero delimitará direitos, deveres e sanções, que são as prescrições sociais definidas pelos valores sociopolíticos e religiosos de uma sociedade. Assim, os papéis masculino e feminino devem configurar as tipificações do que é pertinente ao homem e à mulher em um dado contexto. Essa noção de gênero é importante porque corresponde a um sistema de categorias que cria valores distintos para quem é homem e para quem é mulher. A esse fenômeno de valorização dos corpos corresponde uma desproporção de poderes que, durante milênios, privilegiou os homens em detrimento das mulheres. Essa condição de privilégio é o que se chama *hegemonia masculina*.

A hegemonia masculina em nossa cultura permitiu aos homens dominar os rumos não só da família, mas de toda a sociedade. Criou as leis, definiu as políticas e, inclusive, os dogmas religiosos aos quais todos nós, como parte da sociedade, estamos submetidos. Mas tem mais! Para garantir a procriação, do ponto de vista biológico e religioso, esse sistema de valores pressupõe e impõe que os sujeitos se sintam atraídos por quem é biologicamente diferente, ou seja, que o desejo se expresse exclusivamente entre pessoas de sexos distintos. Nesse sistema, homens têm que se interessar sexualmente por mulheres e mulheres têm que exercer sua sexualidade com homens. No entanto, ocorre que nem sempre é assim. Não importa aqui quais sejam as razões; o fato é que inúmeros homens se sentem atraídos por outros homens, assim como inúmeras mulheres se sentem atraídas por outras mulheres. Dentro dessa perspectiva moral, que atribui valor à dualidade masculino-feminino, esses desejos acabam sendo considerados como desvios ou patologias.

É por isso que, desde muito cedo, os meninos aprendem que devem se afastar das mulheres, a começar pela mãe, para não serem influenciados por elas, de forma a evitar qualquer traço que possa colocar em dúvida sua identidade masculina. Isso lhes é fortemente imposto pela família e pela sociedade das mais variadas formas, desde as mais brandas até as mais cruéis. A famosa frase "homem não chora" é uma delas. Para isso, o menino deve fazer inúmeros sacrifícios, já que, para um homem, sentir-se pouco identificado com o gênero que lhe é atribuído gera um tipo de reação assustadora.

Comportamentos que não correspondem ao que se espera dele, que possam longinquamente lembrar o que é *adequado* a uma mulher, são interpretados de maneira pejorativa. Meninos e homens mais sensíveis podem ser grosseiramente chamados de *mariquinhas* ou de *bicha*, por exemplo, ofensas que sugerem a feminização de seu comportamento, levantando suspeitas a respeito de sua masculinidade.

Segundo as convenções sociais tradicionais, como deve ser um homem? Ele deve ser forte, racional, valente, dominador e competente, para se realizar tanto sexualmente quanto economicamente. Um homem que é homem nunca deve ceder ou fraquejar.

E como deve ser uma mulher, ainda segundo essas convenções? Ela deve ser afetiva, frágil, dependente e capaz de gerar e criar filhos. Deve ainda ser submissa ao homem que a mantém e com quem tem seus filhos.

Segundo essa perspectiva, a violência para os homens sempre foi referencial de masculinidade e de virilidade, enquanto o medo e a submissão são atributos aceitos apenas para as mulheres. Dentro de uma família, durante milênios, coube aos homens ordenar e disciplinar seus membros. Antes, espancar servos, filhos e esposas não era considerado crime.

Situações que possam despertar em um homem a dúvida a respeito de sua identidade viril poderão levá-lo a sentir-se ameaçado, de modo que o ato violento se torna a única saída para ele restabelecer seu equilíbrio psíquico. Ao agredir alguém, ele sente-se vitorioso por resgatar sua posição de poder. Voltaremos a discutir essa questão mais adiante.

Em virtude de grandes mudanças sociais na posição da mulher, estamos vivendo dias instáveis em relação a essa hegemonia masculina – dias em que a situação tradicional vem perdendo força no imaginário coletivo; em que os homens estão percebendo a necessidade de abrir mão de comportamentos que tiveram de desenvolver com esforço, o que acaba gerando enorme instabilidade e falta de referência para eles. Infelizmente, os homens não foram preparados para essas mudanças e, apesar de muitos deles, devido às condições de sua personalidade ou de sua educação, estarem adaptando-se mais facilmente aos novos tempos, uma grande parcela ainda se sente ameaçada quando tem de enfrentar situações em que suspeitam que sua masculinidade esteja em risco.

As leis mudaram e, hoje, bater em mulher ou nos filhos é crime, mas as práticas comuns do dia a dia de uma sociedade levam muito mais tempo para serem transformadas. Para que mudanças realmente ocorram nas relações entre homens e mulheres, é necessário alterar o significado das coisas, ou seja, o significado do que vem a ser um homem e do que vem a ser uma mulher fora da velha dualidade forte-fraco, como se acreditava até recentemente. A criação de novas leis é importante, mas não é suficiente quando as pessoas não se sentem convencidas a respeito de como e por que as práticas não devem mais ser as mesmas. Leis não alteram o imaginário de uma cultura. Por isso, a violência dentro da família perdura – alguns dados, inclusive, sugerem que tenha aumentado o número de vítimas nos últimos anos.[4]

Esse nosso argumento não serve para justificar o comportamento violento dos homens dentro de suas famílias, mas sugerir novas políticas públicas que, além de punir os agressores, ajudem a compreender o que se passa com eles.

---

[4] Os dados relativos ao mapa da violência no país revelam isso. Disponível em: <http://www.compromissoeatitude.org.br/dados-nacionais-sobre-violencia-contra-a-mulher/>. Acesso em: 6 jul. 2016.

8. O preconceito como disparador da violência

Sabe-se que, nos diferentes agrupamentos sociais, os valores atribuídos às pessoas e suas práticas são bem distintos. Isso costuma provocar discriminação e preconceito de alguns grupos em relação a outros. Se pensarmos, por exemplo, em diferentes comunidades religiosas ou estratos sociais, ou ainda nos agrupamentos familiares de culturas distintas, talvez possamos entender melhor.

É importante poder identificar como são atribuídos os valores positivos e negativos nos variados grupos culturais e compreender que essas atribuições têm uma razão de ser. Os valores estão a serviço da manutenção de determinadas ideologias e influenciam as pessoas de formas diferentes. Muitas vezes, observamos que as pessoas tendem a preferir, de maneira mais conservadora, aquilo que já foi consagrado pela cultura, desde a cor da pele até a marca do sabonete. Quanto mais afastado um comportamento está dos valores da cultura vigente, mais preconceito e desvalorização haverá em relação a ele. Por exemplo: grupos gays em uma sociedade machista; negros em geral, e mulheres negras em particular; meninos que não reagem a ataques físicos; meninos brincando com bonecas; e assim por diante.

Gostar de uma coisa mais do que de outra, dar mais ou menos valor a algo é perfeitamente natural e faz parte de sermos todos diferentes, com gostos, interesses, jeitos, curiosidades e diversas outras particularidades. Então, qual é o problema?

O preconceito existe em todas as culturas e em todas as camadas sociais. É uma ideia formada por antecipação e não tem necessariamente a ver com a pessoa que é alvo do preconceito, e sim com uma crença. Infelizmente, ainda é muito comum ouvir frases como: "Você é um negro diferente", "Você nem parece judeu", "Você é uma mulher que pensa". Assim, se um homem preconceituoso conhecer dez mulheres que *pensam*, ele não dirá que estava enganado quanto às mulheres, mas que aquelas mulheres são diferentes das outras.

Isso evidencia que o pensamento preconceituoso tem como base pressupostos e crenças irracionais, que são confundidos com verdades absolutas, não respeitando argumentos lógicos nem as leis. O problema do preconceito está em seu caráter estreito e autoritário, que muitas vezes induz a atos de violência.

9. Preconceito e gênero

A moral social não se transforma a partir de leis que se oponham aos usos e costumes de uma população. Nesse caso, leis são como remédios paliativos, que aliviam os sintomas, mas não curam. Durante milênios, os homens foram estimulados a considerar as mulheres como seres inferiores a eles. Bater em mulheres sempre representou um direito do homem, estabelecido pela cultura do patriarcado, e as leis referentes a essas práticas faziam, naturalmente, eco a essa cultura que julgava que mulheres, assim como crianças e escravos, deviam ser disciplinadas e tuteladas pelos homens por meio da punição corporal.

A primeira forma de legislação brasileira foi herdada de Portugal (Ordenações Filipinas) e vigorou no Brasil até a segunda década do século XX, quando as normas relativas ao Direito Civil foram definitivamente revogadas com o advento do Código Civil de 1916. Segundo o código português, os maridos tinham o direito de aplicar castigos físicos às suas mulheres e, pasmem, de tirar-lhes a vida caso houvesse suspeita de adultério. Às mulheres não era permitido praticar nenhum ato civil como comprar, vender, exercer profissão, administrar os bens do filho, entre outros, sem autorização do marido. Somente em 1962, com o advento do Estatuto da Mulher Casada, é que a mulher, no Brasil, deixou de ser civilmente incapaz. Até a Constituição de 1988, vigorou o recurso jurídico de *defesa da honra* para homens julgados em tribunal em casos de homicídio contra a mulher. Foi a Constituição de 1988 que teve a preocupação de igualar homens e mulheres de forma expressa.

O preconceito pode ser disparador da violência, já que serve de álibi para a prática de um crime. Nesse caso, são comuns posturas ou ideias inflexíveis e deterministas como: "Se o outro é inferior a mim, tenho o *direito* de abusar dele ou mesmo de exterminá-lo, já que ele ameaça meu modo de vida". O preconceito e a violência comumente resultam em injustiças. Na verdade, ao contrário do que se possa pensar, o preconceito não é um pensamento ou o produto de uma reflexão. É exatamente o contrário, ou seja, é a falta de reflexão ou de pensamento, é a repetição de uma ideia pronta e generalista sobre algo. O sujeito preconceituoso apenas repete algo que ouviu e que, por alguma razão, interessou-lhe, porque com isso atribui a si um valor ou um poder maior. Nada faz para contestar a veracidade da questão – que não passa de uma espécie de superstição, com frequência fruto do medo e da insegurança diante daquilo que o ameaça, porque desconhece. E, em nome de convicções preconceituosas, muitas injustiças são praticadas.

Consequências da violência no universo masculino

Os homens estão sempre buscando provar sua força e sua coragem. A consequência disso é que a incidência de mortes violentas entre eles é significativamente maior do que entre as mulheres, principalmente entre homens mais jovens, com idades entre 15 e 24 anos, que vivem uma fase de autoafirmação de sua identidade masculina.

> O risco de morte dos indivíduos do sexo masculino no Brasil, entre 15 e 24 anos, tem crescido de maneira avassaladora e apresenta enorme disparidade se comparado ao risco das mulheres, equivalendo a 195,8 mortes por 100.000 habitantes para os homens e 28,9 por 100.000 habitantes para as mulheres.

As estatísticas de mortes violentas entre os jovens no estado de São Paulo, entre os meses de janeiro e dezembro de 2010 (último mapa oficial realizado), publicadas pelo Sistema de Informações de Mortalidade (Ministério da Saúde), indicam 49.932 casos, o que ultrapassa o número de vítimas em muitos conflitos armados no mundo. Incluem-se na classificação *mortes violentas* desde os homicídios comuns, acidentes de automóvel e brigas até atentados contra a própria vida. A diferença entre homens e mulheres mantém a proporção já mencionada.

Assim também, nos últimos anos, mesmo sob vigência da Lei Maria da Penha, de 2006, o número de homicídios de mulheres praticados por companheiros ou ex-companheiros tem aumentado consideravelmente. Se em 1980 eram assassinadas cerca de 1.300 mulheres por ano, entre 2000 e 2010 esse número subiu para quase 40.000 mulheres, o que corresponde a aproximadamente 4.000 mulheres mortas por ano (BRASIL, 2006).

Os homens também são os principais atores de crimes sexuais como estupro, abuso sexual e incesto. Segundo pesquisas realizadas pelo Núcleo de Estudos da Violência da Universidade de São Paulo (USP), 10 mulheres são assassinadas por dia no país. Wânia Pasinato, socióloga e pesquisadora sênior da instituição, explica:

> *No caso das mulheres, os assassinos são atuais ou antigos maridos, namorados ou companheiros, inconformados*

> em perder o domínio sobre uma relação que acreditam
> ter o direito de controlar (MANSO, 2010).

Atualmente, o Brasil é o 7º país no *ranking* mundial de países com maior número de mortes de mulheres (PITTS, 2016).

Esses dados indicam que é justamente entre os que pertecem ao grupo masculino – aquele que concentra o maior poder na nossa sociedade – que encontraremos um impulso maior de uso da violência com a finalidade de assegurar-se desse poder. Por quê? Veremos isso a seguir.

Masculinidade hegemônica: a cultura machista

Vivemos em uma cultura na qual predominam valores que chamamos *machistas*. *Machista* é um adjetivo muito usado para se referir a um tipo de comportamento masculino, sendo comum ouvirmos: "Puxa, você é um machista!" ou "Esses homens machistas não dão espaço às mulheres!". Em outras palavras, o termo é usado e pensado somente como *coisa de homem* e seu modo de ser em relação às mulheres. Contudo, o que poucas vezes consideramos, se é que realmente nos ocorre refletir a respeito, é o quanto as mulheres também compartilham de valores machistas. Por exemplo: quando uma mulher chama sua filha para lavar a louça enquanto os homens assistem ao jogo na TV, ou quando as mulheres ensinam a seus filhos que eles podem fazer coisas que suas filhas não podem, estão comportando-se de maneira machista e contribuindo para a perpetuação de valores machistas, ou seja, homens e mulheres são machistas.

A maioria de nós, ou todos nós, homens e mulheres, que passamos pelo processo patriarcal de socialização, mesmo que não percebamos, temos uma noção de valores de como devem se comportar e quais são os papéis de homens e de mulheres na sociedade. Quem nunca disse algo como: "Isso são modos de uma moça se comportar?", ou "Se fosse homem de verdade não faria isso", ou "Nem parece que é mãe", ou ainda "Ele não é um pai, é uma mãe!". Quando dizemos essas coisas, revelamos nossos valores e nossas ideias sobre os lugares e os papéis que designamos a homens e mulheres.

A sociedade machista resulta da cultura da hegemonia masculina, que, como já mencionado, está no modelo patriarcal de relações familiares e sociais, que define o poder do homem sobre a mulher e seus filhos e também a submissão complementar da mulher e dos filhos a ele. Isso atribui lugares de poder – de superioridade e de inferioridade – nas relações familiares e também nas relações sociais entre homens e mulheres. Além disso, associa virilidade e masculinidade à força física, à prontidão sexual e à coragem.

Às vezes, mais do que meras diretrizes, esses princípios tornam-se regras muito rígidas, impossíveis de serem questionadas. Mas sabemos que na vida cotidiana as coisas não seguem essas regras. Por exemplo, em uma família em que o marido ganhe menos do que a esposa, ou em que ele perca o emprego e a esposa não, como ficam as relações entre o casal se o padrão hegemônico diz que homens devem ocupar lugar de superioridade na família? Como é possível ganhar menos e continuar a se sentir viril? Como a esposa ou companheira pensará? Achará que ele é um *banana* ou um homem inferior, porque também espera ter um companheiro forte e provedor? Ou, ainda, se uma mulher tem prazer em aprender, em desenvolver-se profissionalmente, ela terá liberdade para fazê-lo? Ou será recriminada pelo companheiro ou por familiares, que a acusarão de não cuidar bem da família e dos filhos? Ou ela se sentirá culpada por querer trabalhar, já que, segundo as normas hegemônicas, deveria interessar-se mais pelos filhos e pela casa?

Apesar das atuais mudanças no que diz respeito ao gênero, com as tarefas e as relações nos âmbitos doméstico, profissional e político sendo muitas vezes mais equilibradas, questões associadas aos papéis de gênero e às funções atribuídas a homens e mulheres ainda estão bastante presentes no modo de pensar e sentir de ambos os sexos, e, vale a pena repetir, especialmente em grupos sociais com menor escolaridade.

A violência doméstica é frequentemente fruto desse desajuste entre as expectativas de manter-se aderido às normas ditadas pela cultura hegemônica, ou machista, e as experiências da vida cotidiana, que seguem em direções diferentes. Nesse sentido, podemos ver como os preconceitos, ou as ideias não questionadas, são resultado desses valores rígidos.

Situações ou pessoas que contestem ou transgridam as regras e os valores da cultura geram, com frequência, sentimentos de ameaça, de insegurança e de perda de identidade em homens muito presos às normas sociais ou às convenções. E a violência é um dos recursos, ainda que pobre e desesperado, para sentir-se novamente poderoso, para recuperar temporariamente sua identidade e sua autoestima. Denominamos *desamparo identitário* (MUSZKAT, 2011) o sentimento de confusão e desespero causado pela perda dos referenciais de identidade primordiais. Assim, a violência decorrente desse desamparo não é um recurso de poder; ao contrário, expressa o sentimento de *falta de poder*.

No caso antes mencionado, Jorge agarra-se à noção de que um homem sem emprego não tem respeitabilidade social, ou seja, agarra-se à condição de masculinidade a partir da ideia de emprego. Quando Paula, sua mulher, lhe cobra os consertos necessários na casa, Jorge se sente ofendido em sua honra (já tão degradada) e responde com um ato violento, que ilusoriamente lhe confere força e temporariamente recupera sua autoestima.

O ato violento corresponde ao uso de uma força invasiva que, por meio do constrangimento físico, moral ou psicológico do outro, resolve a disputa promovendo uma sensação momentânea de triunfo, de resgate de uma posição ameaçada – posição que, em geral, está carregada de sentimentos de baixa autoestima e humilhação. No nível das relações interpessoais, e das relações de gênero em particular, o desafio constante é manter os poderes que definem as posições e as práticas de cada um. É no âmbito familiar que as disputas de gênero se tornam mais acirradas, exigindo das partes capacidade de tolerância, o que nem sempre existe.

No exemplo de Jorge e Paula, ele pode estar vivendo uma fase de baixa autoestima, seja porque perdeu o emprego, seja porque não consegue prover o sustento da família, seja porque está deprimido. Em um quadro desse tipo, qualquer comentário da mulher ou dos filhos pode gerar fantasias ameaçadoras de extermínio, com perda de controle; a reação violenta permitiria ao sujeito uma breve sensação subjetiva de fortalecimento.

10. Violência gera violência

Estudos da clínica psicanalítica (GOMES, 2005; FAIMBERG, 2001; PUGET, 2000) comprovam o caráter transgeracional da violência, ou seja, crianças que foram maltratadas, abandonadas ou testemunhas de violência em suas famílias tendem a manter-se vítimas ou serem agressores em sua vida adulta.

Para compreender o fenômeno da violência na família é preciso considerar vários aspectos:

- a própria dinâmica das relações intrafamiliares;

- as relações de poder;

- a capacidade de tolerar e de resolver conflitos;

- a herança familiar transgeracional, tanto pelos traumas a que os membros da família, principalmente as crianças, são submetidos, como pela questão de que a violência se torna uma espécie de linguagem, uma forma de comunicação entre as pessoas.

Tipos de violência

Chamamos a violência doméstica de *intrafamiliar*, uma vez que, seja quem for a vítima predileta, os resultados atingirão a todos os membros da família, sem exceção. A violência intrafamiliar inclui vários tipos de abuso, que podem manifestar-se com diferentes graus de severidade. É conveniente lembrar que, na realidade, essas formas de violência não aparecem de maneira isolada, mas fazem parte de um quadro crescente, do qual o homicídio é a expressão mais extrema. Apresentamos, a seguir, algumas formas de violência intrafamiliar.

1. Violência física

Ocorre quando uma pessoa tem poder em relação à outra e causa, ou tenta causar, dano não acidental por meio da força física ou por algum tipo de arma, podendo provocar lesões externas, internas ou ambas.

"O castigo repetido, não severo, também é considerado violência física" (BRASIL, 2001, p. 17). Essa modalidade de violência pode manifestar-se de várias maneiras, como:

- tapas;
- empurrões;
- socos;
- mordidas;
- chutes;
- queimaduras;
- cortes;

- amarramentos;
- estrangulamento;
- lesões por armas ou objetos;
- negligência (omissão no que se refere a cuidados e proteção contra agravos evitáveis, como situações de perigo, doenças, gravidez, alimentação e higiene);
- forçar alguém ao uso de remédios, psicotrópicos, álcool, drogas ou outras substâncias;
- obrigar a ingerir à força comida ou outros elementos;
- tirar de casa à força;
- arrastar;
- arrancar a roupa;
- abandonar em lugares desconhecidos.

2. *Violência sexual*

É todo ato no qual uma pessoa em posição de poder e por meio de força física, coerção ou intimidação psicológica obriga outra a executar o ato sexual contra sua vontade ou a expõe a interações sexuais que propiciem sua vitimização, das quais o agressor tenta obter gratificação.

A violência sexual ocorre em uma variedade de situações, como estupro, sexo forçado dentro ou fora do casamento, abuso sexual infantil, abuso incestuoso e assédio sexual. Inclui ainda outras formas, como:

- carícias não desejadas;
- penetração oral, anal ou genital, com o pênis ou objetos, de forma forçada;
- exposição obrigatória a material pornográfico;
- exibicionismo e/ou masturbação forçados;
- uso de linguagem sexualizada de forma inadequada;
- impedimento ao uso de qualquer método contraceptivo ou recusa do parceiro em utilizar preservativo;
- ser forçado a ter e/ou presenciar relações sexuais com outras pessoas (envolvendo outras pessoas além do casal).

Deve ser feita menção especial aos abusos sexuais institucionais, ou seja, aqueles que são perpetrados em instituições encarregadas da proteção e do bem-estar da criança, adolescente, deficiente, idoso e/ou doente mental, contra os que se encontram sob sua custódia.

O abuso sexual intrafamiliar é realizado principalmente por membros da família nuclear (pai, mãe, padrasto, madrasta, irmãos) ou por membros da família extensiva (avós, tios, primos, empregados domésticos). Esse é um dado que pode parecer chocante, mas tem sido verificado sistematicamente em todas as estatísticas de violência registradas, como as mencionadas nos capítulos anteriores. Lembre-se que é nas relações em que há mais intimidade, como as que se dão no interior das famílias e com as pessoas de maior convívio, que observamos tanto demonstrações de amor quanto os aspectos mais patológicos de seus membros. As dependências emocional e financeira e/ou a fragilidade que isso gera são aspectos de vulnerabilidade que propiciam a violência. Essa violência é do âmbito da patologia e, muitas vezes, criminosa.

Estupro

O estupro é todo ato de penetração oral, anal ou vaginal que utilize o pênis ou objetos e que seja cometido com o uso de força, sob ameaça, por meio de entorpecentes sem o conhecimento da vítima ou, ainda, quando a vítima for incapaz de julgar racionalmente.

Sexo forçado no casamento

A mulher que é forçada a manter relações sexuais durante o casamento geralmente se envergonha de expor a situação por medo de ter sua intimidade devassada. A crença de que é seu dever de esposa satisfazer o parceiro, além do temor de não ser compreendida, leva muitas a mulheres a se submeterem às imposições do marido. Elas se culpam por não sentir desejo e, como consequência, não percebem que há um processo, por parte do companheiro, para vitimá-las. Ao contrário do entendimento da maioria, segundo a lei, o sexo forçado, mesmo durante o casamento, caracteriza estupro.

Abuso sexual infantil

O abuso sexual infantil é definido como a participação de uma criança ou de um jovem menor de idade em práticas sexuais que não é capaz de compreender, que são inapropriadas à faixa etária e ao seu desenvolvimento psicossexual.

> *A vítima é forçada fisicamente, coagida ou seduzida a participar da relação sem ter necessariamente a capacidade emocional ou cognitiva para consentir ou julgar o que está acontecendo (GAUDERER; MORGADO, 1992 apud BRASIL, 2001, p. 18-19).*

Abuso incestuoso

O abuso incestuoso consiste no abuso sexual envolvendo pais ou outro parente próximo, os quais se encontram em uma relação desigual de poder. O abuso incestuoso é mantido em sigilo pela família e ocorre em todos os grupos socioeconômicos, raciais e religiosos.

Trauma e sexualidade

Existe outra modalidade de vivência sexual bastante comum, mas que pode ser muito traumática para as crianças e para futuros adultos. Ela é resultado da curiosidade sexual infantil e se expressa por meio das conhecidas brincadeiras sexuais entre irmãos, vizinhos, primos e amigos. Ainda que a curiosidade seja parte saudável do desenvolvimento infantil, há um limite tênue entre o que são brincadeiras sexuais e o que constitui uma experiência traumática. Crianças não sabem distinguir muito bem os limites do que é saudável ou traumático. É imprescindível a presença de pais ou de cuidadores adultos que possam ajudá-la a conquistar esse discernimento. Deixar crianças brincando sozinhas por muito tempo pode configurar negligência e ser, para elas, uma vivência de abandono.

Assédio sexual

O assédio sexual pode ser definido por atitudes de conotação sexual em que haja constrangimento de uma das partes por meio do uso do poder, de um superior na hierarquia, reduzindo a capacidade de resistência do outro.

Ele pode ocorrer com a finalidade de manter uma determinada posição de domínio, no trabalho, na escola, na igreja ou em qualquer outra instituição, com sugestão ou ameaça de prejuízo na carreira ou com outro tipo de controle.

O modo de ação do assediador geralmente inclui:

- portas fechadas;
- sussurros;
- olhares maliciosos;
- alusões;
- ameaças veladas.

Apesar de o assédio sexual ter se acentuado no ambiente profissional com o aumento da inserção da mulher no mercado de trabalho, há séculos ele também existe no interior das famílias. A dependência econômica juntamente com o medo de ser desacreditado e a vergonha são fatores que impedem a vítima de denunciar a situação.

3. *Violência psicológica*

É toda ação ou omissão que causa ou visa a causar dano à autoestima, à identidade ou ao desenvolvimento da pessoa. Inclui:

- insultos constantes;
- negligência;
- humilhação;
- desvalorização do sujeito;
- chantagem;
- isolamento de amigos e de familiares;
- ridicularização;

- rechaço;
- manipulação;
- exploração;
- ameaças;
- privação arbitrária da liberdade (impedimento de trabalhar, estudar, cuidar da aparência pessoal, gerenciar o próprio dinheiro, brincar etc.);
- confinamento doméstico;
- críticas ao desempenho sexual;
- omissão de carinho.

4. *Violência patrimonial ou econômica*

São todos os atos destrutivos ou omissões do agressor que afetam a saúde emocional e a sobrevivência dos membros da família. Inclui:

- roubo;
- destruição de bens pessoais (roupas, objetos, documentos, animais de estimação e outros) ou destruição de bens da sociedade conjugal (residência, móveis e utensílios domésticos, terras e outros);
- recusa de pagamento de pensão alimentícia ou de participação nos gastos básicos para a sobrevivência do núcleo familiar.

11. A violência que gera prazer

Até aqui, falamos principalmente sobre um tipo de violência: a violência de gênero. Ela é gerada pelos desajustes em relação às crenças e valores que definem os papéis de homens e mulheres, crianças e idosos na sociedade. Nem sempre o que se espera ou se atribui aos sujeitos coincide com a maneira como as pessoas vivem e sentem suas experiências. Por exemplo, é esperado das mulheres que a maternidade seja natural, que uma mãe já saiba cuidar de seu filho logo que ele nasce e que ela tenha muito prazer em fazê-lo. Quando uma mãe jovem tem seu primeiro filho, pode ficar deprimida e não conseguir cuidar do bebê. O problema do desajuste entre o que se espera de uma mãe e o que ela de fato sente pode levar a recriminações do companheiro, bem como a autorrecriminações.

Vamos contar uma história sobre um tipo de violência muito perigoso e cruel, em que o intuito do agressor é exclusivamente o de humilhar, desmoralizar e anular a identidade da vítima, retirando desta qualquer condição de autoestima, defesa própria e sentimento de dignidade. Entram nessa categoria todos os atos de abuso sexual contra crianças, deficientes ou qualquer pessoa em condição de desvantagem evidente, que não possa defender-se. Esses são, sem dúvida, atos violentos criminosos. Aqui, vamos nos deter apenas no âmbito dos adultos.

Há certo tipo de relação que perdura no tempo cujo objetivo é anular o outro enquanto sujeito por meio do controle absoluto sobre ele, levando-o a uma condição de perda total de autoestima e de dignidade pessoal. Muitas vezes, esses casos vêm disfarçados sob o manto do ciúme. É o caso do namorado ciumento, entendido como apaixonado, que pouco a pouco vai controlando todos os aspectos da vida do outro. A justificativa é a paixão, a impossibilidade de viver sem o outro (o que muitas vezes é sedutor ou encantador, afinal, quem não quer ser tão desejado?); daí resultam as loucuras.

Temos um bom exemplo disso na experiência relatada pela personagem Carol, do filme *Amor?*, dirigido por João Jardim.[5]

Carol comenta que conheceu o namorado quando ela estava com 16 anos e ele, com 20. Foi seu primeiro amor. Ela diz: "Eu achava que eu era um anjo na vida dele".

Em retrospectiva, Carol vai contando sobre os primeiros sinais *estranhos*, que lhe diziam que algo não ia bem. A primeira vez, relata, foi quando dançou com outro rapaz do grupo de dança que frequentavam. O namorado a acusou: "Você disse que não queria dançar e dançou com ele". A partir daí, a cada briga que tinham, o assunto era retomado por ele, culminando em ameaças contra o rapaz com quem ela havia dançado.

---

[5] *Amor?* é um documentário do diretor brasileiro João Jardim, lançado em 2011, que discute as relações que se dão entre a paixão e a violência.

Inicialmente, Carol acreditava que o namorado mudaria de comportamento – a crença na mudança é bastante frequente, sempre baseada no desejo ou, ainda, na esperança que vislumbra um futuro diferente, como se fosse um pensamento mágico: vai mudar porque eu quero, porque me ama.

Aos poucos, ela foi vendo que não haveria mudança e tentou terminar o relacionamento algumas vezes. O namorado, então, passou a ameaçá-la de morte ou de matar alguém de sua família, como a mãe ou o tio. Carol, sem saber até que ponto o namorado falava a sério ou o que ele seria realmente capaz de fazer, temia um rompimento. Para acalmá-lo, como é muito comum em relacionamentos violentos, entregava-se às relações sexuais. Quando estas eram mais esporádicas ou ela não manifestava desejo, ele batia nela, acusando-a de ter outro homem. A relação sexual passou a ser, para Carol, uma maneira de controlar a violência e a intimidação.

Certo dia, Carol disse ao namorado que não precisava ir buscá-la, pois seu pai iria fazê-lo. A resposta do namorado foi: "Eu vou sim, porque você deve estar aprontando alguma coisa e quer esconder". Por mais que Carol negasse, ele insistia, e ela, temendo contrariá-lo, concordou que a buscasse.

Ao se encontrarem, o namorado levou-a primeiro para onde ele morava, dizendo que ela só iria para casa depois que tirasse toda a roupa, pois ele queria verificar se havia marcas em seu corpo: "E se eu achar alguma marca de que você me traiu, você vai se arrepender de ter nascido!".

Como é comum em casos de abuso psicológico e físico, Carol, ainda que tivesse certeza de não ter feito nada, ficou apavorada, pensando que ele certamente acharia alguma marca invisível e algo terrível aconteceria. O relato de Carol é tocante e descreve com realismo a situação psicológica que vai tomando conta da vítima desses abusos: "Era como se eu fosse um pedaço de carne, um frango de padaria girando no espeto".

Não tendo encontrado nenhuma marca em seu corpo, mas ainda tomado pelo desejo de torturá-la, o namorado manteve Carol na casa dele, trancada em um quarto escuro até a meia-noite, pois ele não queria que ela se divertisse em sua própria casa vendo televisão.

No final do relato, aparece o efeito psicológico que esse tipo de relacionamento causa. Ele faz com que a vítima comece a duvidar de si mesma, pensando se de fato não haveria feito algo de errado. Assim, ela passa a pensar como o seu agressor: "Eu errei, eu fiz algo de errado".

O ciúme excessivo confundido com amor intenso é, muitas vezes, difícil de detectar, e é somente quando a relação se torna nitidamente desigual, com a imposição de um sobre o outro – como no caso relatado –, que o caráter perverso do relacionamento se explicita.

O homem excessivamente ciumento sente necessidade de dominar sua companheira, transformando-a em um objeto, destituindo-a de sua singularidade e autonomia. O desejo é o de controlar, submeter, até que a mulher não seja nada além de uma espécie de marionete. E por quê? Existem dois motivos principais:

1. Por insegurança: falamos da violência fruto da insegurança quanto à manutenção da identidade masculina. A violência tenta resgatar a autoestima calcada em uma noção de masculinidade cujos definidores da identidade incluem a submissão da mulher e o domínio do homem sobre ela. O interesse da mulher por outras coisas, como trabalho, amigos ou familiares, deixa-o inseguro, fazendo com que ele se sinta desva-

lorizado, procurando recuperar seu valor por meio do controle, do domínio, da violência e da submissão da mulher.

2. Por psicopatia ou por crueldade: nesses casos, a violência está dissociada da questão dos valores de gênero e é exercida para satisfazer um prazer doentio. Sem possibilidade de sentir empatia com a vítima, esse tipo de violência não tem como ser transformado, e a única alternativa é que a vítima consiga separar-se de seu agressor. Isso, no entanto, não costuma ser fácil, como vimos na história de Carol, uma vez que a vítima acaba, muitas vezes, sendo psicologicamente dominada pelo agressor, tornando-se incapaz de pedir ajuda ou proteger-se. Nesses casos, é fundamental o auxílio de pessoas próximas, que estejam mais atentas aos sinais. Psicopatia não tem cura, e a vítima estará correndo sérios riscos.

Nos casos de violência por psicopatia ou por crueldade, não há debate possível, e a vítima deve ser resgatada de uma condição de submissão, enquanto seu agressor deve ser criminalmente punido.

12. A violência é somente dos homens? E as mulheres?

É comum que, ao falarmos de violência na família, sobressaia-se aquela praticada pelos homens contra as mulheres. Isso se dá porque a violência contra a mulher é algo endêmico, que ocorre de maneira sistemática em nossa sociedade e que tem efeitos danosos e de longo alcance. Tornou-se naturalizada a pressuposição de que os homens são hierarquicamente superiores às mulheres, o que lhes concederia direitos sobre elas. A isso chamamos *violência de gênero*.

Mas... e as mulheres? Nunca são violentas? Não praticam atos violentos? Claro que sim. A violência, como já dissemos, faz parte da constituição do ser humano, sendo que até mesmo as crianças são violentas.

Para abordar o tema deste capítulo, usaremos um artigo publicado em 8 de novembro de 2015 na coluna do jornalista Antônio Prata, no jornal *Folha de S.Paulo*. Como parte de uma campanha intitulada #AgoraÉQueSãoElas, colunistas homens cederam seus espaços no jornal a mulheres, para que estas escrevessem sobre a questão da violência praticada por homens contra mulheres. Prata cedeu seu espaço à poeta gaúcha Angélica Freitas, que apresentou dados que revelam que as mulheres também praticam violência. Contudo, os números da violência praticada contra mulheres são bastante chocantes, dando-nos a dimensão da desigualdade entre os dois sexos. Reproduzimos aqui alguns dos dados citados, obtidos pela autora por meio de uma pesquisa sobre feminicídios[6] (assassinatos de mulheres) no Brasil, realizada pelo Instituto de Pesquisa Econômica Aplicada (Ipea) (GARCIA et al., 2013).

Entre 2009 e 2011, a cada 90 minutos, uma mulher foi assassinada no Brasil. São, portanto, mais de 15 mulheres por dia, 472 por mês, 5.664 por ano. Desses homicídios, 29% aconteceram dentro de casa, cometidos por pessoas próximas, como comentado anteriormente: basta fazer uma busca em boletins de ocorrência sobre o tema para comprovar os números alarmantes, com crimes praticados inclusive contra meninas menores de 18 anos. Freitas (PRATA, 2015) ainda diz que, segundo a pesquisa, do total de feminicídios no mundo, 40% são cometidos pelos parceiros. Respondendo à pergunta feita inicialmente quanto à violência praticada por mulheres: a pesquisa revela que 6% dos assassinatos contra homens são perpetrados por suas parceiras, ou seja, há violência sim, mas a diferença entre a que praticam e a que sofrem é bastante expressiva e motivo para continuarmos a tratar desse tema ativamente.

---

[6] Em 9 de março de 2015, foi sancionada pela presidente Dilma Rousseff a lei que qualifica como *feminicídio* o assassinato de mulheres, quando este se der em função de sua condição feminina. A lei também inclui o feminicídio no rol dos crimes hediondos.

13. Por que somos habitados pela violência?

A violência é a expressão, por parte do indivíduo, de que algo é sentido como insuportável e necessita ser expelido. É também a expressão de uma ausência de recursos mais desenvolvidos para lidar com o que não se gosta, denotando falta de maturidade emocional.

Como modelo para explicar como isso ocorre, pense no funcionamento do aparelho digestivo. Suponha que alguém tenha comido algo indigesto e logo sinta a necessidade de vomitar a comida que não pôde ser digerida. Nossa mente pode funcionar de maneira semelhante. O aparelho digestivo reage de distintas formas, dependendo da maneira que se constituiu. Ele pode tolerar diferentes alimentos e ir aprendendo a identificar os sabores, a saber do que gosta e do que não gosta, o que lhe cai bem e o que lhe traz mal-estar. Pode ser muito sensível e somente ingerir poucos tipos de alimentos, ou pouca quantidade, e logo sentir-se cheio, precisando expelir a comida indigesta, que é tida pelo organismo como excessiva. Há os que não suportam nenhuma variação e acham que tudo o que não conhecem é ruim e precisa ser cuspido. Outros desenvolvem a capacidade de experimentar coisas novas, toleram melhor a frustração e o contato com o novo, ampliando seu cardápio de possibilidades. Nossa mente pode ter um espaço maior para experimentar o desconhecido, pode ter mas disposição para compreender o que não entende ou, então, pode ser como um aparelho digestivo não muito desenvolvido, acostumado a papinhas sem muitos temperos. A mente humana, quando se é um bebê, precisa de adultos que a ensinem, com paciência e dedicação, a experimentar *novos sabores.*

Desse modo, alguém que tenha uma mente com pouco espaço para tolerar *sabores* desconhecidos cospe de maneira violenta aquilo que lhe é estranho. O estranho e o desconhecido são sempre perturbadores e inquietantes.

Se pensarmos em uma criança, que é, por excelência, um ser que não desenvolveu a maturidade, não será difícil lembrar como reage ao que não gosta. Quando fica irritada com algo e sente-se frustrada, ou se alguma outra criança pega algo que lhe pertence, sua reação pode ser a de bater, arranhar, morder ou qualquer outro ato que vise a afastar o que a incomoda ou a faz sofrer de alguma forma. A criança é o modelo mais evidente da falta de recursos para lidar com as frustrações, e sua violência é expressão de sua precariedade e falta de amadurecimento emocional.

Ensinamos as crianças a expressar seus sentimentos com palavras em vez de bater nos outros. Sabemos que elas precisam da ajuda dos adultos para aprender a identificar o que sentem e substituir a violência pelo diálogo, obtendo assim melhores resultados. Mas por que praticamos atos violentos se sabemos que são destrutivos e danosos para as relações entre as pessoas?

O ser humano nasce sob uma condição de total desamparo e depende completamente de outro ser humano – em geral, seus pais – para sobreviver. À medida que crescemos, deixamos de ser desamparados como um bebê, mas a ameaça de desamparo nos acompanha ao longo de nossa existência. O medo de não sermos amados, de não sermos valorizados pelo que somos, é sempre algo que nos desestabiliza e que faz com que nos sintamos pequenos.

Em nossa sociedade, os valores são atribuídos a homens e a mulheres de maneiras distintas. Em outras palavras, o que se espera de homens e de mulheres é diferente. Ainda que atualmente haja uma variedade maior de possibilidades, há pressões externas e internas ao sujeito que o aproximam ou o distanciam do que ele desejaria ser. Quanto maior a distância entre o que somos daquilo que desejaríamos ser, maior será o nosso sentimento de fracasso e de desamparo.

Assim, em uma sociedade regida por princípios paternalistas, espera-se que os homens sejam respeitados, fortes, potentes, viris, inteligentes e provedores, enquanto as mulheres devem ser respeitadoras, dóceis, maternais, sexualmente recatadas, devotadas aos filhos e ao marido. Quando ameaçados da perda desses valores, o que se sente é a perda da condição de ser amado. O sentimento de precariedade prevalece no sujeito. A violência como tentativa de livramento dessa precariedade expressa a real condição de precariedade do sujeito, que usa esse recurso como forma de tentar reequilibrar-se moralmente.

Se existem homens que batem, intimidam ou menosprezam mulheres a fim de resgatar sua potência quando se sentem impotentes, algumas mulheres também utilizam os meios de que dispõem para resgatar sua respeitabilidade e seu sentimento de valor.

No caso de Paula e Jorge, acompanhamos como Paula, vendo-o beber no bar, imaginou que Jorge não se interessava pelos cuidados com ela e o filho e não valorizava seus esforços em manter a vida familiar. Como consequência, transferiu seu sentimento de fracasso para o marido, dizendo que seu chefe é que era homem de verdade. Assim, atacou Jorge em sua masculinidade, inferiorizando-o ao compará-lo com outro homem *mais potente*.

As mulheres também exercem muito poder sobre os filhos, podendo isolar o pai do convívio e das trocas afetivas. Podem, ainda, ser autoritárias e até mesmo violentas com as crianças e com os subalternos, repetindo de forma invertida as relações de poder que vivem com os homens.

Vale lembrar que, ainda que tenha sido sancionada recentemente[7] a Lei da Guarda Compartilhada, a crença que prevalece em nossa sociedade, e que até pouco tempo atrás era sustentada pelo sistema judiciário, de que as mães são mais importantes para os filhos que os pais, aumenta ainda mais as distâncias e as hostilidades entre pais e mães quando precisam fazer acordos em casos de separação. O resultado disso é o afastamento afetivo dos pais em relação aos filhos, perpetuando modelos fixos e a não comunicação entre homens e mulheres.

Um exemplo que presenciamos inúmeras vezes em nossa experiência atendendo a grupos de homens e de mulheres: em caso de separação dos pais, se as crianças estivessem vivendo com o

---

[7] Em 22 de dezembro de 2014, foi decretada e sancionada a Lei da Guarda Compartilhada. A última lei que dava diretrizes sobre guarda de filhos era de 2002 e não continha a guarda para ambos os pais. Essa mudança torna lei algo que, de modo informal, já vinha sendo praticado por muitos casais, evidenciando uma mudança na cultura no que diz respeito ao desejo dos homens de também se envolver afetivamente com a criação de seus filhos.

pai, dizia-se que haviam sido *abandonadas* pela mãe e que esta era, sem dúvida, desnaturada. No caso contrário, bem mais frequente, quando as crianças estavam sob os cuidados da mãe, a ausência do pai era bem tolerada e compreendida como natural, com exceção feita à demanda de que fossem provedores e pagassem pensão alimentícia. Vemos aí a marca nítida do que se espera de homens e de mulheres em nossa sociedade no tocante à criação de filhos: mães devem cuidar, pais devem prover.

É também relevante o elevado número de famílias monoparentais chefiadas por mulheres, em que os pais não têm qualquer participação, chegando alguns a não ter nenhum contato com os filhos por considerarem que isso não é assunto para homens. É ainda voz corrente em nossa sociedade que crianças precisam de uma presença feminina para cuidar delas adequadamente. Muitas vezes testemunhamos que, se um pai, por algum motivo, ficava responsável por seus filhos, havia sempre uma mulher presente na casa para cuidar das crianças – uma namorada, a irmã ou a mãe... No caso das mulheres, em geral, elas ficam responsáveis pelos filhos sem contar com a ajuda de outras pessoas.

Diferenças não são atributos exclusivos de homens e mulheres, mas sim de cada ser humano. Não é possível nos encaixarmos em um modelo exclusivo de como deve ser um homem ou uma mulher. A atribuição de um juízo de valor ao que é diferente é, na verdade, a necessidade de se acreditar que "eu estou certo e, por isso, sou melhor e mais valorizado do que ele, que está errado". O medo do desamparo, do fracasso, de não ser amado e valorizado é o que estimula alguns a criticar, acusar ou até mesmo perseguir outros. O outro, diferente de mim, representa uma ameaça para mim e me faz sentir inseguro em minhas escolhas e convicções. É dessa maneira que surgem as perseguições a minorias ou a parcelas mais vulneráveis da população, como homossexuais, transexuais, mulheres e negros.

Contudo, práticas violentas contra mulheres representam um contingente muito mais expressivo do que o seu contrário, como vimos na pesquisa do Ipea. Basta lermos as páginas policiais dos jornais para verificarmos como o índice de homicídios praticados contra mulheres não tem correspondente em seu sentido inverso. É um fenômeno que abrange todas as classes sociais, mas dados de pesquisas apontam haver maior incidência de violência em camadas de menor escolaridade e com menor capital intelectual, social e econômico (ACOSTA; BARKER, 2003). O que é marcadamente diferente, no entanto, é que, enquanto as camadas médias e altas têm acesso a recursos como terapias de casal e de família, a população de baixa renda não conta com dispositivos sociais ou programas de prevenção realmente efetivos.

14. Leis de proteção 9.099 e Maria da Penha

Apesar da Constituição de 1988, somente em 1995 foi criada uma lei que pretendia proteger a mulher contra a violência doméstica. Era uma lei para ser aplicada pelos Juizados Especiais Criminais, que não considerava a prisão do agressor porque a violência contra a mulher ainda era vista como de *menor potencial ofensivo*, salvo os casos de homicídio ou as lesões corporais graves. Essa lei apoiava-se em outras do Código Penal.

Ocorre que a 9.099, como era chamada a lei, determinava detenções de curta duração, com tempo máximo de três meses, e que poderiam ser substituídas por penas alternativas ou punições de ordem pecuniária, que, na maioria das vezes, correspondiam ao pagamento do valor de uma cesta básica ao Estado. Pior que isso, antes da decisão a respeito de qual punição seria aplicada, o casal envolvido no conflito – devido a ameaça, lesão corporal leve, dano ou violação de domicílio – deveria apresentar-se diante de um juiz de direito, que em audiência com o casal buscaria uma solução consensual para o problema. É claro que essas audiências nunca foram levadas a sério pelos juízes, ainda profundamente influenciados por preconceitos machistas e por tabus de épocas anteriores: "Em briga de marido e mulher, ninguém mete a colher". A espera por essas audiências podia chegar a seis meses e, quando aconteciam, era sem nenhum conhecimento do juiz a respeito do caso – caso que deveria, além de tudo, ser resolvido com presteza. Graças a todas essas inadequações, a decisão do juiz acabava pendendo para uma pena alternativa ou uma multa para o agressor, o que redundava em desmoralização e profunda humilhação da vítima. Passar por esse processo era, para a mulher, pior do que não fazer nada.

Diante dessas condições, os movimentos feministas passaram a lutar por uma lei que fizesse jus ao direito e à moral da vítima, o que conseguiram em 2006, com a promulgação da Lei Maria da Penha. A lei recebeu esse nome em homenagem a Maria da Penha Maia Fernandes, que por vinte anos lutou para ver seu agressor preso.

Maria da Penha é uma biofarmacêutica cearense, que foi casada com o professor universitário Marco Antônio Heredia Viveros. Em 1983, ela sofreu a primeira tentativa de assassinato: levou um tiro nas costas enquanto dormia. Como resultado, ficou paraplégica. Viveros, na ocasião, forjou um assalto. A segunda tentativa aconteceu meses depois: Viveros a empurrou da cadeira de rodas e tentou eletrocutá-la no chuveiro. Ele só recebeu uma pena pelos crimes cometidos após vinte anos.

Em seu artigo 5º, a Lei Maria da Penha estabelece:

> *para os efeitos desta Lei, configura violência doméstica e familiar contra a mulher qualquer ação ou omissão*

> *baseada no gênero que lhe cause morte, lesão, sofrimento físico, sexual ou psicológico, e dano moral ou patrimonial (BRASIL, 2006).*

A seguir, são reproduzidas as medidas possíveis de serem tomadas contra o agressor:

> *I – suspensão da posse ou restrição do porte de armas, com comunicação ao órgão competente, nos termos da Lei n. 10.826, de 22 de dezembro de 2003;*
>
> *II – afastamento do lar, domicílio ou local de convivência com a ofendida;*
>
> *III – proibição de determinadas condutas, entre as quais:*
>
> *a) aproximação da ofendida, de seus familiares e das testemunhas, fixando o limite mínimo de distância entre estes e o agressor;*
>
> *b) contato com a ofendida, seus familiares e testemunhas por qualquer meio de comunicação (BRASIL, 2006).*

Ocorre que, após a implantação da lei, se de um lado as queixas aumentaram, de outro, os homicídios também. Como explicar o fato de terem aumentado os homicídios apesar da lei?

Primeiro: os mesmos problemas enfrentados pela Lei n. 9.099 por parte dos juízes se repetem no momento do cumprimento dessa nova lei: as vítimas continuam esperando seis meses por uma audiência; o juiz tende a ignorar a gravidade dos casos; o juiz tenta sempre buscar uma conciliação e/ou a retirada da queixa por parte da mulher.

No Nordeste, registram-se queixas de duplo abuso, o segundo ocorrendo no momento da denúncia, praticado pelos próprios policiais. Esses dados foram obtidos por meio de pesquisas voltadas para a verificação de entraves na aplicação da lei, realizadas pelo Núcleo de Estudos da Violência da USP. Wânia Pasinato (2005) atribui ao Judiciário um despreparo para qualquer tipo de intervenção visando ao combate da violência contra a mulher.

O que dizer desses comentários? Como entender a repetição do processo de desvalorização em relação a uma lei de defesa das mulheres? Talvez sejam as mesmas razões que levaram a Lei n. 9.099 ao fracasso. Ainda que haja mudança na elaboração das leis, que novas leis sejam propostas ou que elas se tornem cada vez mais duras, tudo dependerá de sua aplicação. A questão é que, segundo Pasinato, se leis não mudam a mentalidade do grupo masculino que continua praticando a violência contra a mulher, também não mudam a mentalidade do Judiciário. A mentalidade dos juízes que cuidam desses casos continua fortemente calcada em princípios da chamada *cultura machista*; enquanto for assim, o que predominará será uma visão tendenciosa e maniqueísta de desvalorização do fenômeno da violência quando praticados contra a mulher.

Em outras palavras, *não se muda a cultura por meio de leis*. A lei é que vem geralmente atrelada a alterações nas práticas sociais. As mudanças sociais, como as que assistimos atualmente, têm o poder de ir paulatinamente modificando mentalidades, alterando a maneira como entendemos o mundo e as relações. Se quem aplica as leis são cidadãos com poder de legislar, enquanto não houver mudanças culturais, as leis podem mudar, mas os costumes prevalecerão sobre elas. A Lei da Guarda Compartilhada, no entanto, aponta para um novo modelo (ainda de difícil implementação), que anuncia a possibilidade de relações de maior vínculo afetivo e trocas entre pais e filhos, para além da pensão alimentícia. Isso poderá contribuir para mudanças no que se pensa sobre os papéis de homens e mulheres, como também atribuir, de maneira mais equilibrada, as responsabilidades e os deveres em relação aos filhos.

Essa recente transformação cultural tem consequências sobre as relações familiares, como o predomínio do estabelecimento da guarda compartilhada de filhos para pais separados. Cada vez mais, pais, e não somente mães, desejam participar da vida dos filhos de maneira mais cotidiana. Desse modo, se antes a guarda de filhos era concedida exclusivamente às mães, hoje isso já não se verifica.

Um exemplo de como costumes sociais interferem na mudança de leis é o movimento gay. O que antes era inviável, impensável ou até mesmo proibido tornou-se lei, assegurando a casais do mesmo sexo o direito ao casamento e à adoção de filhos.

15. Novas abordagens para a violência de gênero: o que fazer para mudar o cenário

Ainda que avanços tenham ocorrido com a criação de leis para coibir ou prevenir esse tipo de prática, a violência familiar, e mais especificamente a violência contra a mulher e o feminicídio, está nos registros de ocorrência policial e nas páginas dos jornais com assustadora frequência.

Nossa experiência na mediação de conflitos entre casais em situação de violência ensinou-nos, ao longo de quinze anos, que a resistência à diminuição desse fenômeno deve-se em grande parte a um equívoco na orientação das políticas públicas, que se apoiam em ações tão opressoras quanto o comportamento que pretendem corrigir. A ameaça da punição aplicada exclusivamente por meio da privação de liberdade parece-nos – o que tem sido amplamente demonstrado pelo baixo índice de sucesso de suas tentativas – um estímulo para a manutenção de atitudes que estão a serviço da *defesa da honra* de seus perpetradores. Assim eles creem e, por assim o crerem, quando se sentem ameaçados, somam aos seus registros mais uma boa razão para se defenderem por meio da exibição de sua força.

Estamos diante de comportamentos que *funcionaram* muito bem durante longos períodos da história e que estão baseados em ideologias (poder, disciplina, respeito, educação) claramente influenciadas por uma cultura milenar, que só pode ser desconstruída pela ressignificação de seus símbolos. A demanda é, portanto, a de transformar as subjetividades. A grande dificuldade está na diferença de ritmo de mudança entre os dois domínios: o sociocultural/histórico e o subjetivo.

No tocante à dinâmica da violência familiar, não são apenas as instâncias legais que resistem às novas ideologias, mas vários grupos acadêmicos ou de intervenção, quando insistem em uma lógica reducionista fixada em princípios maniqueístas de *bem* e *mal*, referidos à vítima e ao agressor, o que dificulta a compreensão desse complexo fenômeno, retardando a introdução de novas formas necessárias de ação. Tudo se mantém quando os métodos, nos quais se apoia o discurso utilizado para a transformação das subjetividades, guardam as mesmas características que se pretende suprimir. Quando o assunto é tratado por profissionais pouco familiarizados com a gravidade do fenômeno e de suas consequências, que não consideram a violência familiar como uma doença social, pode-se acabar, inadvertidamente, contribuindo mais com o incremento do que com o abrandamento do fenômeno.

O fato é que a violência e a desigualdade estão na base das próprias instituições. Suas raízes ainda fazem parte do imaginário e permeiam as práticas e a cultura, e é nisso que precisamos investir.

A visão maniqueísta impede que se trate dessa questão em um âmbito mais amplo, envolvendo tanto mulheres quanto homens nesse debate, em busca de uma justiça menos punitiva e mais reparadora. Será somente com o investimento na conscientização dos significados, mediante sistemas de cunho reflexivo/pedagógico que permitam aos autores dessas condutas pensar sobre elas, que se poderá atuar mais efetivamente sobre suas motivações e suas condições de manutenção. Um projeto político consistente não se faz apenas a partir do arcabouço legal ou do sistema carcerário. Para erradicar condutas indesejadas, é necessário que se possam transformar as mentalidades das pessoas.

Uma justiça autoritária e distante, baseada no *olho por olho*, que nega os conteúdos pessoais e emocionais dos distintos atores, não é suficiente para modificar condutas e comportamentos regidos por padrões culturais tão arraigados. Sugerimos uma abordagem inter-relacional que, emergindo da comunicação entre as partes, crie um clima de cooperação passível de auxiliar na desconstrução e reconstrução de narrativas no decorrer do processo, criando possíveis níveis de compreensão e reparação entre os envolvidos.

Nas atuais políticas públicas, fortemente opressivas e policialescas, o foco predominante é o do combate, da erradicação e da eliminação de um comportamento indesejado, voltado especificamente para a figura masculina. Como corolário dessa ideia, é atribuída à mulher uma condição infantilizada de vítima incapaz de proteger-se ou pensar sobre seus próprios relacionamentos.

Essa forma de entender a dinâmica das relações violentas conduz ao estabelecimento de sentimentos de hostilidade e de persecutoriedade, criando barreiras ainda mais intransponíveis, em razão do lugar que designa os homens como os *do mal* e as mulheres como as *do bem*. Essa perspectiva conduz ora à vitimização da mulher, ora à demanda de que, por força de sua vontade, se encarregue de controlar a violência do parceiro. Diante do fracasso comum, incapaz de alterar essas situações, resta ao casal a separação, por meio da busca de proteção em abrigos para mulheres, pelo sistema prisional ou pelo divórcio.

O trabalho de reflexão com os homens a respeito de suas questões, das exigências a que se sentem submetidos, dos seus próprios temores e a possibilidade de novas formas de relacionamento têm se mostrado muito mais úteis do que a expectativa exigente de que apenas as mulheres e a justiça sejam responsáveis pela erradicação da violência.

Além disso, a impossibilidade de ampliar os debates sobre a mentalidade machista, que inclui homens e mulheres, atribuindo a cada um papéis definidos na sociedade, tem sido fonte de prejuízo e perpetuado as relações violentas, que, embora *combatidas* pelo sistema penal e pelos órgãos policiais, nunca são *prevenidas*.

Como dito anteriormente, nossa experiência desenvolvida a partir da utilização de métodos que buscam abstrair a dualidade vítima-agressor e levar em conta as responsabilidades de cada uma das partes na superação dessa forma de linguagem indica que é possível, além de diminuir os episódios de violência entre os casais, obter um ganho secundário: o de que os participantes venham a ser, eles mesmos, agentes de transformação social.

16. Uma experiência bem-sucedida[8]

Após anos de atendimento de casais e de famílias com uma equipe multidisciplinar especializada em conflitos, foi ficando claro para nosso grupo de trabalho que a violência dos homens, principalmente contra suas esposas, namoradas, companheiras e filhas, é resultado de uma cultura que, durante séculos, considerou as mulheres como subalternas, dependentes dos homens e sujeitas às suas vontades.

Sempre foram os homens que ditaram as regras nas famílias, mesmo na condição de filhos. Nas famílias, sua posição de mando somente ficava abaixo do poder da figura paterna, pois tinham autoridade para controlar a vida das mulheres e, na ausência do

---

[8] A experiência aqui mencionada deu-se na ONG Pró-Mulher, Família e Cidadania (PMFC), que, desde o início dos anos 1990, auge do movimento feminista no Brasil, atendia às demandas de mulheres submetidas por seus companheiros a condições degradantes e/ou violentas. A ONG funcionou ativamente durante quinze anos, e o que descrevemos neste livro é fruto de nossa experiência na instituição.

pai, assumiam o controle total da casa. Aos homens, sempre coube a tomada de decisões a respeito de qualquer necessidade ou conflito familiar. Eles sempre foram os responsáveis pelo que ocorria em suas famílias, seja do ponto de vista moral, seja do ponto de vista material. Eles deviam zelar pelo comportamento de suas mulheres, de seus filhos e de quaisquer outras pessoas que com eles coabitassem ou que dependessem deles financeiramente.

Mesmo quando as mulheres começaram a trabalhar, elas só podiam fazê-lo com o consentimento e a tutela deles. Filhas mulheres sentiam-se tão submetidas quanto suas mães e, inúmeras vezes, procuravam casar-se cedo para desvencilhar-se do jugo paterno. Contudo, livravam-se da autoridade do pai e caíam no circuito de mando do marido ou da família dele.

É interessante notar que as únicas mulheres a quem esses homens costumavam respeitar e proteger eram suas mães, as quais, por sua vez, também sempre se mostravam muito ligadas aos seus filhos homens a ponto de respeitá-los e protegê-los incondicionalmente. Inúmeras foram as vezes em que as filhas sentiram-se preteridas pelas mães em favor de seus irmãos, principalmente se o que estivesse em jogo fosse relativo aos bens materiais da família.

Mesmo os homens que iam à ONG PMFC, acusados de serem autoritários ou violentos com suas mulheres, mostravam-se sempre bastante respeitosos em relação às suas mães. Eles relatavam ter tido que protegê-las por vezes de seus próprios pais. Muitos tinham o hábito de consultá-las sobre seus problemas pessoais no campo dos relacionamentos.

Sempre foi bastante significativa a quantidade de homens que se declaravam desprovidos de traquejo para tratar de problemas de ordem emocional e que procuravam respostas e julgamentos na figura da mãe. Uma queixa comum era a dificuldade em lidar com as mulheres.

Diversas vezes, fomos surpreendidas com os depoimentos carinhosos e respeitosos de homens, aparentemente frios e duros, quando se referiam às suas mães. Para avaliar o desempenho ou o caráter de suas companheiras, o julgamento da mãe parecia definitivo.

- "Minha mãe acha que fulana é preguiçosa."
- "Minha mãe gosta muito dela e diz que ela é boa para mim."
- "Minha mãe diz que ela não tem bom caráter e não sabe fazer serviço de casa."

Esse tipo de dinâmica, persistente, ainda hoje, em inúmeras famílias brasileiras, permitiu-nos compreender que estávamos diante de um problema de ordem sociocultural, que revelava a enorme dificuldade que esses homens vinham enfrentando diante da amplitude da independência que as mulheres vinham reivindicando ou, simplesmente, usufruindo. Seus *mapas* de referência, tudo que haviam aprendido até então, não lhes revelava nenhum caminho que pudesse facilitar-lhes a compreensão a respeito de como agir no relacionamento. É verdade que as suas mulheres receberam, em suas casas, a mesma educação e os mesmos princípios que eles, porém, como resultado de um movimento maior presente nos grupos de bairro que frequentavam, nas novelas de TV, nas propagandas que circulavam nos veículos de comunicação e no próprio fato de que, diferentemente de suas mães, elas estavam no mercado de trabalho e eram capazes de se sustentar, elas andavam a passos largos no sentido de sua emancipação, enquanto eles se mantinham remando contra a maré. Só por terem tomado a decisão de frequentar a nossa instituição e trazer consigo seus companheiros já indicava uma grande iniciativa da parte delas.

Trabalhando nessa área desde os anos 1990, podemos dizer que fomos testemunhas oculares da *desordem* que as mudanças sociais geraram na dinâmica dessas famílias, principalmente no grupo masculino. Foi, de fato, uma revolução. Abrir os segredos familiares, acusar o companheiro de maus-tratos e denunciá-lo à polícia foram ações que realmente exigiram grande força do grupo feminino. No início, eram as filhas que levavam as mães para denunciar o comportamento dos próprios pais. Depois, pouco a pouco, as mulheres começaram a ir espontaneamente. Mulheres casadas há vinte, trinta anos, subjugadas por meio da violência, que haviam passado a maior parte de suas vidas submetidas *porque homem é assim mesmo* – isso diziam os vizinhos e isso diziam seus pais. Mas suas filhas não concordavam. Mais tarde, começaram a aparecer as mulheres mais jovens – muitas que já conheciam a ONG PMCF por meio da mãe. Entretanto, quase sempre havia resistência por parte delas em punir seriamente seus companheiros ou separar-se deles. E ninguém entendia o motivo. Talvez fôssemos muito jovens para compreender a dimensão do fenômeno que ocorria diante de nossos olhos. Esse tipo de ambiguidade gerou, nos grupos profissionais, principalmente naqueles ligados à Polícia Civil e ao direito, enorme rejeição às mulheres chamadas *queixosas*, que procuravam os serviços públicos. Queixas eram retiradas pelas mesmas mulheres que as iniciavam e ações eram interrompidas, gerando grande irritação nos profissionais que se envolviam com os processos.

Estavam todos insatisfeitos com os resultados. Somente eram bem encaminhados os casos mais graves, em que a violência já esgotara a família, que vivia em séria situação de risco e só queria proteger-se daquela condição. Assim, procedia-se à separação, alguma pena podia ser determinada pelo juiz (geralmente penas alternativas) e famílias eram divididas, com mulheres e filhos indo para algum abrigo. Esses eram os que realmente mereciam ser chamados de *casos de polícia*, para os quais o sistema em vigor estava bem montado.

Jamais se pensou em abordar a questão da subjetividade, de um ponto de vista social mais amplo. A cultura patriarcal e o pensamento binário que a caracteriza – bom/mau, certo/errado, vítima/agressor – foram mais uma vez preponderantes. Em vez de buscar a paz, partiu-se para a guerra. Seguramente não era esse o melhor caminho.

Guiadas por um pensamento contemporâneo e orientadas pelos princípios da psicanálise, optamos pela experiência e pelo risco de substituir os atendimentos jurídicos por uma nova metodologia, ainda não existente no Brasil. Estudamos e adaptamos para o contexto brasileiro o método da mediação de conflitos. A partir dessa mudança, esperávamos, de um lado, obter melhores encaminhamentos para as famílias atendidas e, de outro, contar com elas como multiplicadores de opinião em seus próprios redutos. E foi exatamente o que fizemos. Apoiados pelo Governo do Estado de São Paulo a partir da Procuradoria Geral do Estado, durante o governo Mario Covas, passamos a trabalhar de forma inédita no atendimento à população.

Nossa atenção concentrou-se em buscar saídas que permitissem adequar os comportamentos masculino e feminino às mudanças práticas demandadas não apenas pelos movimentos feministas, mas por nós, por toda a sociedade, que se pretendia mais igualitária. No Brasil, à época, saíamos de uma longa ditadura e tínhamos uma nova Constituição. Por meio das conversas em grupo, das conversas entre os casais, da desconstrução das narrativas tradicionais, da ressignificação dos tabus convencionais e da construção de novas formas de resolução pacífica de conflitos, passamos a verificar a satisfação demonstrada pela população atendida. Nós, da ONG PMFC, nos sentíamos igualmente gratificados.

Alguns impasses

Como desconstruir um comportamento tão fortemente instalado por séculos em nossa cultura, na qual, há até pouco tempo, um homem poderia matar sua companheira e justificar o ato como sendo defesa da própria honra?

Homens que se identificavam com o modelo masculino de seus pais e que assistiram a suas mães e suas irmãs serem subjugadas, quando não espancadas, por eles, em uma época em que um homem agredir fisicamente uma mulher não era considerado um desvio de conduta. Homens que foram condicionados pelo discurso social vigente de que homem fraco não é homem, que homem fraco é *brocha*, que homem fraco é *mariquinhas*, e que ser fraco é não poder mandar, ou o corolário disso: ser forte (homem viril) é ter que impor seu domínio a qualquer preço.

Do ponto de vista psicológico, as pressões sociais para que os homens se comportem como *homens* são muito maiores que as que incidem sobre as mulheres. Desde menino, um homem aprende que as consequências de uma suspeita a respeito de sua virilidade são muito graves, considerando que o que está em jogo é sua própria identidade.

Como dito anteriormente, nossa sociedade espera da mulher que ela seja boa mãe, boa esposa e boa dona de casa, além de fiel ao seu marido. Se for vista como uma má dona de casa/mãe/esposa ou uma mulher infiel ao marido, ela poderá ser julgada como *relapsa, suja, puta*, mas nunca será questionada sobre sua identidade.

Não fazemos essas considerações porque queremos ser condescendentes com a violência masculina. Absolutamente! Esses argumentos estão aqui porque nos permitem rever os equívocos que vêm sendo cometidos, ainda hoje, nas políticas públicas, que, depois de mais de trinta anos buscando diminuir a prática da violência, têm obtido resultados tão pobres. Por que, apesar de tantas leis de proteção à mulher disponíveis, os homens continuam incessantemente matando, espancando e desrespeitando moralmente as mulheres, principalmente aquelas que lhes são mais próximas e, supostamente, mais queridas? O que impede que essas leis de proteção à vítima sejam tão eficientes quanto se gostaria que fossem?

Levantamos esses argumentos para defender a tese de que a ideia de enfrentar a violência do homem contra a mulher exclusivamente por meio da criminalização do problema tem se provado muito pouco eficiente.

Julgamos que, na medida em que se trata de uma questão de ordem social e psicológica (o que poucos reconhecem), programas que questionem os lugares e funções preestabelecidos, tão limitantes para homens e mulheres, são mais eficientes do que os atuais programas exclusivamente punitivos.

Nossa experiência com grupos de homens, em uma instituição originalmente voltada apenas ao atendimento de mulheres vítimas de violência doméstica, foi inédita. Indicou claramente que a desconstrução, ou seja, o questionamento de mitos e de ideologias que sustentam o medo da perda da identidade, pode facilitar o surgimento de novas maneiras de pensar padrões de relacionamento entre as pessoas, bem como levar à criação de padrões alternativos à forma tradicional e única em que homens e mulheres vêm sendo criados.

Nas conversas em grupos de homens em situação de violência intrafamiliar, os temas mais recorrentes e espontaneamente trazidos por eles referiam-se principalmente à questão dos poderes, seus significados, temores pessoais decorrentes de sentimentos de impotência e a necessidade de reconhecimento pessoal de cada sujeito em relação ao meio em que vive. As discussões mostraram-se preciosas para a elaboração de novas maneiras de entender suas vivências, levando, com bastante frequência, a um maior controle das expressões de violência e maior valorização do diálogo.

Como convencer um homem a não se sentir desqualificado, incompetente ou ameaçado diante de uma situação que ele vive como potencialmente desmoralizadora, do ponto de vista social, e devastadora, do ponto de vista psicológico?

Não se convence nem racionalmente nem por meio de punições retaliativas. O caminho mais adequado, mais capaz de facilitar o apaziguamento em relação aos sentimentos de ansiedade e de angústia, é aquele que permite compreender a origem dos discursos sociais vigentes, seu significado e seu verdadeiro poder de deliberar entre o que é certo e o que é errado. Por que é errado um homem ser capaz de argumentar a seu favor em vez de atacar alguém? Por que não dar preferência ao diálogo para resolver conflitos? Por que não aceitar que nem sempre as pessoas estão dispostas a se submeter ao desejo do outro? Por que é preciso dominar o outro para se sentir viril?

O que aprendemos com os homens

Para a quase totalidade dos homens que atendemos ao longo dos anos, a atividade em grupo e a conversa sobre temas pessoais era algo inédito. Enquanto a mulher tem mais facilidade em compartilhar suas experiências particulares e familiares com outras mulheres, os homens raramente têm com quem falar desses assuntos. Eles não costumam ter amigos íntimos com quem podem desabafar sobre suas fragilidades. Têm, sim, colegas de bar, de jogo, de trabalho, parentes com quem conversam sobre temas genéricos, mas não questões de cunho pessoal. Desse modo, no decorrer da vida, devem encontrar meios de cuidar sozinhos das questões mais pessoais, associadas com fraquezas, fragilidades ou *coisas de mulher*. É frequente a negação do sofrimento em geral, e do sofrimento amoroso em particular, vendo nisso uma ameaça à sua masculinidade e virilidade. Muitas vezes, no lugar do sofrimento, assistimos a atitudes defensivas de arrogância, de descaso, ou ainda a comportamentos violentos, sempre associados ao universo masculino.

Não tendo a experiência da intimidade e da troca mais espontânea com outros, muito frequentemente tomam o contato sexual como forma exclusiva de expressão de afeto e contato físico. Contatos físicos mais próximos entre homens vêm carregados de uma ameaça à identidade sexual; o mesmo, porém, não se verifica entre as mulheres, mais livres para se expressar afetivamente umas com as outras.

Durante os anos que atendemos aos homens, pudemos constatar que questões sobre relacionamentos, pessoais e familiares, não podem e não devem ser assunto exclusivo do universo feminino. A exclusão do homem não *facilita* o trabalho dele e *onera* a mulher como única responsável pela vida familiar; além disso, a exclusão o isola afetivamente, causando muito sofrimento e repercussões para a sociedade como um todo.

Não foram poucas as declarações de gratidão dos homens pela oportunidade de participar dos grupos, bem como pela surpresa de existir uma situação em que pudessem abordar temas normalmente vetados ao universo masculino. Era comum estabelecer-se no grupo um clima de solidariedade, cumplicidade e respeito pela dor do outro, de camaradagem, de interesse pelas histórias uns dos outros. A possibilidade de verificar que muitos ali sofriam com situações semelhantes ou passavam por outras situações igualmente difíceis os fazia perceber que a dor não era um desqualificador, não se constituía em um fator de humilhação, mas que era, na realidade, vivência da condição humana, das dificuldades inerentes aos relacionamentos humanos íntimos.

Dessa forma, a possibilidade de ter sua dor reconhecida e legitimada na vivência dos grupos mostrou-se uma experiência inédita e viabilizadora de transformações significativas para boa parcela daqueles homens.

Mudanças acontecem muito vagarosamente; é preciso ter paciência e perseverança. Mudanças de mentalidade levam a mudanças na cultura, o que, consequentemente, leva a mudanças de comportamento.

Hoje, passados quase dez anos do término dos atendimentos a que nos referimos, surge um movimento iniciado por um grupo ativo de mulheres jovens, intelectuais – #AgoraÉQueSãoElas –, como resposta às propostas de leis de alguns representantes do governo, de cunho regressivo e moralista, que se opõem às mudanças conquistadas pela sociedade em relação à maior liberdade e autonomia das mulheres nas áreas da saúde, reprodução humana e sexualidade.

Divulgada por meio das redes sociais, a iniciativa ganhou peso e teve apoio de muitos homens, que cederam seus espaços *de voz* nos meios de comunicação impressos às mulheres, a fim de que estas pudessem se expressar sobre temas ligados à experiência de ser mulher, especialmente quando essa experiência implica falta de liberdade e desvantagens político-sociais em função da condição feminina. A inclusão de mulheres e de homens nesse movimento é um exemplo de como é necessária a participação de *todos* se quisermos transformar padrões de gênero, visando a uma sociedade mais igualitária.

O movimento produzido pelo grupo #AgoraÉQueSãoElas e a experiência que acabamos de relatar são exemplos de ações com potencial para a promoção de mudanças de mentalidades e que, ao mesmo tempo, são produto dessas mudanças. Vale notar que tanto a experiência na ONG PMFC quanto o movimento #AgoraÉQueSãoElas contaram com o apoio e o envolvimento de homens.

O que fazer?

Pedir ajuda é fundamental. Contar com uma rede de amigos ou familiares ou, ainda, com profissionais que possam ajudar a família é indispensável. O isolamento aumenta o sentimento de impotência e o sofrimento. Portanto, o primeiro passo é ter coragem para pedir ajuda. Quando há violência, todos precisam de ajuda. Ainda que possa parecer que ninguém passe por isso e que seja vergonhoso contar a alguém a respeito da situação que se está vivendo, é preciso ter em mente que isso não é verdade: muitas famílias enfrentam situações de violência mais ou menos explícitas. Se estas saem do controle, é preciso reconhecer e pedir ajuda externa para pessoas de confiança: amigos próximos, parentes, irmãos, profissionais de saúde em geral.

> *Pedir ajuda não é fracasso; ao contrário, é demonstração de coragem e de exercício da cidadania.* Utilizar-se dos meios de proteção possíveis, sejam eles quais forem, é um ato de cidadania; é exercitar o poder que está à disposição do cidadão.

É importante reagir contra a violência logo em sua primeira manifestação, colocando-se claramente contra esse tipo de comportamento. Dialogar, se possível, a respeito do fato; discutir, se necessário; procurar o auxílio de um psicólogo ou a interferência de uma pessoa de confiança do casal – todas estas são formas de evitar que a violência aumente ou saia do controle. O perigo está em não deixar bem claro que esse tipo de atitude é inaceitável. Deixar passar o fato, por qualquer motivo que seja, funciona como um código de permissão para a sua repetição.

Uma vez instalada a violência, ela se torna parte da dinâmica do relacionamento. Muitos homens, depois de espancar a companheira, mostram-se profundamente dóceis e amorosos. Procuram desculpar-se, confundindo as mulheres com juras de amor. Muitas mulheres interpretam esses episódios como prova de amor e acabam desenvolvendo com o companheiro uma relação em que crises de violência seguidas de grandes arroubos amorosos tornam-se rotineiras.

Quando este é o cenário familiar, há pouco a fazer sem ajuda externa. A melhor solução é buscar ajuda profissional com um analista ou terapeuta que possa atender ao casal ou a toda a família, para compreender as causas desse tipo de comportamento, como ele é provocado ou a serviço do que ele se instalou. Além disso, esse profissional poderá auxiliar o entendimento do mal que estão fazendo a si e a seus filhos. Caso um dos dois se recuse a participar desse processo, é importante que aquele que tenha mais críticas a respeito da situação procure ajuda individual. Mesmo que se pense que a culpa é toda do outro, a mudança de comportamento de uma das partes inevitavelmente provocará uma mudança na relação dos dois.

O diálogo pode permitir uma saída, mesmo que seja por meio de uma negociação. Porém, o diálogo só é possível quando as partes em conflito estão em situação de igualdade. Não há diálogo possível entre pessoas que detenham diferentes níveis de poder, como entre pais e filhos ou entre marido e mulher, se um dos dois, por razões externas ou internas à relação, tiver maior autoridade sobre o outro. Razões externas podem referir-se a situações em que um dos parceiros esteja ligado, por exemplo, a algum cargo de poder político ou policial, ao crime organizado ou a qualquer outro tipo de organização que possa vir a representar uma ameaça concreta. Razões internas refletem a dinâmica do próprio relacionamento, quando uma das partes exerce poder psicológico ou físico sobre a outra. Muitas vezes, a dependência financeira também representa um impedimento. Nesse caso, é recomendável que se procure um terapeuta que ajude a pessoa a superar seus medos. Em contextos em que o diálogo é inviável ou tornou inviável, o afastamento pode ser uma alternativa provisória, até que o contato possa ser recuperado sem receio; em situações de emergência, o melhor é sair da casa, buscar a ajuda de um amigo ou de um parente e, se houver risco de vida, chamar a polícia.

A violência não é uma prova de amor! As vítimas de violência precisam compreender que não há razão para se sentirem culpadas ou envergonhadas se precisarem ir a uma delegacia especial lavrar um boletim de ocorrência. Essas pessoas não estão sozinhas e podem pedir ajuda. O responsável pelo ato violento precisa saber que a vítima não está desamparada e inteiramente em suas mãos.

A seguir, apresentamos uma relação de lugares especiais para atendimento e um número de telefone dedicado exclusivamente a esse fim, pelo qual a vítima de violência poderá receber orientação sobre o que fazer.

> Caso você precise ou conheça alguém que precise de ajuda, por viver em uma situação semelhante às descritas anteriormente neste livro, não deixe de utilizar as indicações a seguir. Há diversos serviços especializados no atendimento à família e a mulheres vítimas de violência. Eles são dedicados exclusivamente às mulheres e contam com profissionais capacitados para lidar com a questão da violência contra a mulher.

Centros especializados de atendimento à mulher

- Casas-abrigo;
- Casas de Acolhimento Provisório (Casas de Passagem);
- Defensorias Públicas;
- Delegacias da Mulher;
- Juizados de Violência Doméstica e Familiar Contra a Mulher;
- Instituto Médico Legal (IML).

Central de Atendimento à Mulher, pelo número 180

Não hesite em ligar para a Central de Atendimento à Mulher, que serve todo o Brasil. Trata-se de um centro de atendimento mantido pelo Governo Federal, no qual a vítima de violência poderá obter todo o encaminhamento necessário de acordo com o município e/ou estado em que reside.

Também é possível procurar a delegacia especial mais próxima da residência da vítima para lavrar um boletim de ocorrência (BO). É importante lembrar que a pessoa, após registrar o BO, deve pedir uma cópia desse documento. A delegada deverá informar como a pessoa deve proceder.

Referências bibliográficas

ACOSTA, E.; BARKER, G. **Homens, violência de gênero e saúde sexual e reprodutiva**: um estudo entre homens no Rio de Janeiro. Rio de Janeiro: Instituto Noos, 2003.

ADORNO, S.; PASINATO, W. Crime, violência e impunidade. **Revista Com Ciência**, São Paulo, n. 98, maio 2008. Disponível em: <http://www.comciencia.br/comciencia/handler.php?section=8&edicao=35&id=420>. Acesso em: 8 abr. 2016.

AMOR? Direção de João Jardim. Rio de Janeiro: Copacabana Filmes, 2011. 1 DVD (200 min).

AZEVEDO, M. A.; GUERRA, V. N. A. (Coord.). **Infância e violência doméstica**: fronteiras do conhecimento. São Paulo: Cortez, 1993.

BRASIL. Lei n. 11.340, de 7 de agosto de 2006. Cria mecanismos para coibir a violência doméstica e familiar contra a mulher. **Diário Oficial da União**, Brasília, DF, 8 ago. 2006.

BRASIL. Ministério da Saúde. Secretaria de Políticas de Saúde. **Violência intrafamiliar**: orientações para a prática em serviço. Brasília, DF, 2001. Disponível em: <http://bvsms.saude.gov.br/bvs/publicacoes/cd05_19.pdf>. Acesso em: 6 jul. 2016.

DUARTE, A. Dados do IBGE confirmam que violência mata mais homens jovens. **O Globo**, São Paulo, 14 dez. 2011. Disponível em: <http://oglobo.globo.com/brasil/dados-do-ibge-confirmam-que-violencia-mata-mais-homens-jovens-3256278>. Acesso em: 6 jul. 2016.

FAIMBERG, H. A telescopagem das gerações a propósito da genealogia de certas identificações. In: KAËS, R. et al. **Transmissão da vida psíquica entre gerações**. São Paulo: Casa do Psicólogo, 2001. p. 129-145.

GARCIA, L. P. et al. **Violência contra a mulher**: feminicídios no Brasil. Brasília, DF: Ipea, 2013. Disponível em: <http://www.ipea.gov.br/portal/images/stories/PDFs/130925_sum_estudo_feminicidio_leilagarcia.pdf>. Acesso em: 6 jul. 2016.

GOMES, I. C. Transmissão psíquica transgeracional e violência conjugal: um relato de caso. **Boletim de Psicologia**, São Paulo, v. 55, n. 123, p. 177-188, dez. 2005. Disponível em: <http://pepsic.bvsalud.org/scielo.php?script=sci_arttext&pid=S0006--59432005000200005&lng=pt&nrm=iso>. Acesso em: 6 jul. 2016.

MANSO, B. P. Dez mulheres são mortas por dia no país. **O Estado de S. Paulo**, 3 jul. 2010. Disponível em: <http://brasil.estadao.com.br/noticias/geral,dez-mulheres-sao-mortas-por-dia-no-pais,575974>. Acesso em: 6 jul. 2016.

MUSZKAT, M. (Org.). **Mediação de conflitos**: pacificando e prevenindo a violência. São Paulo: Summus, 2003.

MUSZKAT, M.; MUSZKAT, S. Permanência na diversidade: um estudo sobre a conjugalidade nas classes de baixa renda. In: GOMES, P. B. (Org.). **Vínculos amorosos contemporâneos**: psicodinâmica das novas estruturas familiares. São Paulo: Callis, 2003. p. 109-131.

MUSZKAT, S. **Violência e masculinidade**. São Paulo: Casa do Psicólogo, 2011.

NÃO é fácil, não! Rio de Janeiro: Instituto Promundo, 2003. (Curta-metragem). Disponível em: <http://promundo.org.br/recursos/nao-e-facil-nao/>. Acesso em: 23 maio 2016.

PASINATO, W. Delegacias de defesa da mulher e juizados especiais criminais: mulheres, violência e acesso à justiça. **Plural**: revista de ciências sociais, v. 12, p. 79-104, 2005. Disponível em: <http://www.revistas.usp.br/plural/article/view/75673/79225>. Acesso em: 6 jul. 2016.

PITTS, N. Atualização do mapa da violência revela que número de homicídios de mulheres continua a crescer. **Adital**, Fortaleza, 17 ago. 2012. Disponível em: <http://site.adital.com.br/site/noticia.php?lang=PT&cod=69760>. Acesso em: 6 jul. 2016.

PRATA, A. Meter a colher. **Folha de S.Paulo**, São Paulo, 8 nov. 2015. Disponível em: <http://www1.folha.uol.com.br/colunas/antonioprata/2015/11/1703580-meter-a-colher.shtml>. Acesso em: 23 maio 2016.

PUGET, J. Disso não se fala... Transmissão e memória. In: CORREA, O. (Org.). **Os avatares da transmissão psíquica geracional**. São Paulo: Escuta, 2000. p. 73-87.

Filmes recomendados

A guerra dos Roses
Direção: Danny DeVito, Thomas Lofaro (Estados Unidos, 1989)

É uma comédia de humor negro, hoje considerada um clássico do cinema, que exibe a história de um jovem casal, com um casamento aparentemente perfeito. O único problema é a rivalidade e a disputa entre eles, que vai paulatinamente crescendo até resultar em um final surpreendente.

Amor?
Direção: João Jardim (Brasil, 2010)

Filme brasileiro que descreve, a partir de várias histórias, relações entre casais, nas quais o amor e a violência se entrecruzam. As histórias são baseadas em situações reais e levam o espectador a identificar-se com algumas das situações vividas pelos personagens.

Beleza americana
Direção: Sam Mendes (Estados Unidos, 1999)

O filme faz um recorte da sociedade norte-americana, mas poderia facilmente retratar qualquer sociedade ocidental patriarcal. Discute questões de família, de gênero, dos valores hegemônicos de masculinidade e dos papéis atribuídos aos homens e às mulheres. A violência, oculta sob uma capa de moral respeitável dos personagens, traz à tona uma importante discussão sobre valores, comportamentos e idealizações na sociedade atual.

Dogville
Direção: Lars von Trier (Dinamarca, 2003)

Trata da história de uma moça que se refugia de uma perseguição em uma pequena cidade, onde, em troca de sua aceitação, passa a trabalhar para todos de maneira submissa. A submissão e sua contrapartida, a violência, são encenadas de maneira exemplar e surpreendente.

Dormindo com o inimigo
Direção: Joseph Ruben (Estados Unidos, 1991)

O filme conta a história de uma jovem mulher que, para escapar do marido violento, simula sua própria morte. É uma obra exemplar no que se refere às relações doentias e à psicopatia e crueldade de alguns parceiros, disfarçadas de amor.

Estamos bem mesmo sem você
Direção: Kim Rossi Stuart (Itália, 2005)

O filme aborda as difíceis relações conjugais e familiares quando Renato é abandonado por sua mulher, ficando encarregado de cuidar de seus dois filhos adolescentes. Questões de violência, insegurança, rivalidades e disputas são os temas abordados neste filme.

Festa de família
Direção: Thomas Vinterberg (Dinamarca, 1998)

Este filme dinamarquês conta a história de um patriarca, que reúne a família e seus filhos para comemorar seus 60 anos. Nesse festivo encontro familiar, vão sendo revelados segredos, episódios de violência e submissão entre seus membros, alterando definitivamente as relações entre todos.

O clã
Direção: Pablo Trapero (Argentina, 2015)

O filme conta a história real de uma família argentina na década de 1980, que sequestrava e assassinava membros da classe alta em Buenos Aires. A relação entre pais e filhos, que exibe uma aparente normalidade e afetividade, de maneira perversa transforma todos os membros – principalmente os filhos homens – em coautores dos crimes praticados. A dupla mensagem, em que cumplicidade criminosa e enlouquecimento confundem-se com amor e lealdade, é um dos pontos altos desta doentia relação familiar.

Sonata de outono
Direção: Ingmar Bergman (Suécia, 1978)

O filme descreve a relação de amor, ódio, abandono, insegurança e drama entre uma mãe, famosa pianista, e sua tímida e carente filha, sempre ansiando pelo retorno e pela atenção da mãe, cuja carreira a mantém em turnês pelo mundo, distante da família.

Livros recomendados

ARILHA, M.; RIDENTI, S. G. U.; MEDRADO, B. (Org.). **Homens e masculinidade**: outras palavras. São Paulo: Editora 34, 1998.

BERQUÓ, E. Arranjos familiares no Brasil: uma visão demográfica. In: NOVAIS, F. A. (Coord.); SCHWARCZ, L. M. (Org.). **História da vida privada no Brasil**. São Paulo: Companhia das Letras, 1998. p. 411-437.

BOX, S. J. et al. (Org.). **Psicoterapia com famílias**: uma abordagem psicanalítica. Tradução de Solange Glock Bellegard. São Paulo: Casa do Psicólogo, 1994.

CARTER, B. et al. **As mudanças no ciclo de vida familiar**: uma estrutura para a terapia familiar. Tradução de Maria Adriana Veríssimo Veronese. Porto Alegre: Artes Médicas, 2001.

CARVALHO, J. A. **O amor que rouba os sonhos**: um estudo sobre a exposição feminina ao HIV. São Paulo: Casa do Psicólogo, 2003.

COHEN, C. O incesto. In: AZEVEDO, M. A.; GUERRA, V. N. A. (Org.). **Infância e violência doméstica**: fronteiras do conhecimento. São Paulo: Cortez, 2000. p. 211-225.

GREGORI, M. F. **Cenas e queixas**: um estudo sobre mulheres, relações violentas e prática feminista. São Paulo: Paz e Terra, 1993.

HATOUM, M. **Dois irmãos**. São Paulo: Companhia das Letras, 2000.

KEHL, M. R. **A mínima diferença**: masculino e feminino na cultura. Rio de Janeiro: Imago, 1996.

LASCH, C. **Refúgio num mundo sem coração**: a família: santuário ou instituição sitiada? Tradução de Italo Tronca e Lucia Szmrecsanyi. São Paulo: Paz e Terra, 1991.

McEWAN, I. **Reparação**. São Paulo: Companhia das Letras, 2001.

MEDRADO, B. et al. (Org.). **Homens**: tempos, práticas e vozes. Recife: Instituto Papai, 2004.

OLIVEIRA, M. C. A família no limiar do ano 2000. **Revista de Estudos Feministas**, Florianópolis, v. 4, n. 1, p. 55-63, 1996.

OLIVEIRA, C. O. et al. (Org.). **Mediação familiar transdisciplinar**: uma metodologia de trabalho em situações de conflito de gênero. São Paulo: Nepo, 2007.

OLIVEIRA, P. P. M. Crises, valores e vivências da masculinidade. **Novos Estudos Cebrap**, São Paulo, n. 56, p. 89-110, 2000.

SAFFIOTI, H. I. B. No fio da navalha: violência contra crianças e adolescentes. In: MADEIRA, F. R. (Org.). **Quem mandou nascer mulher?** Rio de Janeiro: Rosa dos Tempos, 1997. p. 137-211.

_____. Já se mete a colher em briga de marido e mulher. **São Paulo em Perspectiva**, São Paulo, v. 13, n. 4, p. 82-91, out./dez. 1999.

_____. Violência contra a mulher e violência doméstica. In: BRUSCHINI, C.; UNBEHAUM, S. (Org.). **Gênero, democracia e Sociedade Brasileira**. São Paulo: Editora 34, 2002. p. 321-338.

SARTI, C. **A família como espelho**: um estudo sobre a moral dos pobres. São Paulo: Autores Associados, 1996.

SCHRAIBER, L. B. Prevalência da violência contra a mulher por parceiro íntimo em regiões do Brasil. **Revista de Saúde Pública**, São Paulo, v. 41, n. 5, p. 797-807, 2007.

WAISELFISZ, J. J. **Mapa da violência 2016**: homicídios por armas de fogo. Brasília, DF: Flacso, 2015. Disponível em: <http://www.mapadaviolencia.org.br/pdf2016/Mapa2016_armas_web.pdf>. Acesso em: 30 ago. 2016.